AF463181

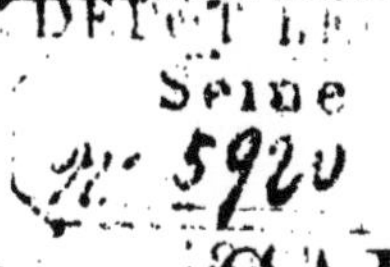

CAUSERIES ARTISTIQUES

PAR

FERDINAND DE LASTEYRIE

MEMBRE DE L'INSTITUT

PARIS

LIBRAIRIE DE L. HACHETTE ET Cie

BOULEVARD SAINT-GERMAIN, N° 77

1862

CAUSERIES

ARTISTIQUES

La première publication des CAUSERIES ARTISTIQUES a eu lieu sous forme d'articles dans le journal le *Siècle*.

Paris. — Imprimerie de Ch. Lahure et Cie, rue de Fleurus, 9.

CAUSERIES
ARTISTIQUES

PAR

FERDINAND DE LASTEYRIE
MEMBRE DE L'INSTITUT

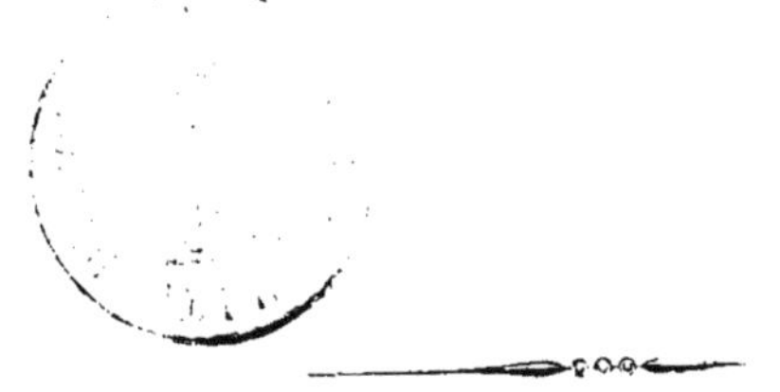

PARIS
LIBRAIRIE DE L. HACHETTE ET Cie
BOULEVARD SAINT-GERMAIN, N° 77

1862

AU LECTEUR.

Il est assez de mode aujourd'hui de réunir en volume un certain nombre d'opuscules, de notices ou de simples articles qu'on a déjà publiés précédemment çà et là.

Cela ne me paraît avoir aucun inconvénient, pourvu qu'une sorte de lien commun existe entre ces matériaux épars, pourvu que l'analogie des sujets et l'unité du tout, établissent entre eux un lien quelconque.

De plus, si l'on désire que cela ressemble à un livre, il faut encore que l'auteur prenne la peine de reviser complétement son œuvre, de la refondre en l'appropriant à la forme nouvelle qu'il veut lui donner.

C'est ce que j'ai fait pour mes *Causeries*, ce que j'ai fait avec tout l'empressement, avec toute la satisfaction que doit éprouver un auteur, lorsqu'il trouve une occasion d'améliorer son travail, de le compléter, de réparer les erreurs involontaires qu'il avait pu commettre.

J'aurais voulu, en même temps, donner plus de lien aux différents chapitres dont se compose ce petit volume. Mais la diversité des sujets ne le comportait pas, et d'ailleurs le titre même du livre doit me servir d'excuses pour ce qu'il a d'un peu décousu dans la forme. *Causer* n'est point professer, ni même disserter. C'est penser tout haut, c'est voguer à la remorque de ses idées sans s'inquiéter beaucoup du chemin qu'elles prennent.

Quand je cause, il me semble que c'est mon esprit qui flâne. Pardonnez-moi le mot, cher lecteur, et veuillez flâner avec moi quelques instants, si vous n'avez rien de mieux à faire.

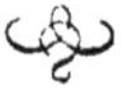

I

NOS MUSÉES

I

NOS MUSÉES.

Le goût français; son origine. — Influence des musées. — Le Louvre et ses collections. — Leurs richesses et ce qui leur manque. — Moyens divers de les compléter. — Acquisitions. — Classement. — Catalogues. — Améliorations faciles.

Il est généralement admis chez nous que la France est le pays du bon goût par excellence. Cette prétention n'est pas précisément modeste; mais, à tout prendre, elle est assez fondée.

En faudrait-il conclure que la race gauloise soit douée par le ciel d'une façon tellement exceptionnelle qu'en France il n'y ait qu'à naître pour être un homme de génie, de talent, ou tout au moins de goût?

Non, ce serait là une induction un peu forcée et que les faits se chargeraient de réfuter à chaque instant. Voyez plutôt comme les bons Parisiens se moquent agréablement du goût des provinciaux, lesquels, malgré tous les efforts et les excès de la centralisation, constituent bien, il faut en convenir, l'immense majorité du peuple français.

Ce qui est vrai, c'est que, dans les grandes villes, à Paris surtout et dans les grands centres industriels, on remarque une moyenne de bon goût et des facultés artistiques très-supérieures à ce qui s'observe généralement dans les autres pays.

Mais pourquoi ces germes précieux, cet instinct particulier sont-ils fécondés, développés dans les grands centres, tandis qu'ils restent si improductifs ailleurs?

Cela tient évidemment aux circonstances particulières qui concourent à l'éducation artistique des populations. Le goût se développe sans peine là où le travailleur trouve toujours à sa portée un libéral enseignement, de beaux modèles, là où ses œuvres sont assurées de rencontrer de justes appréciateurs et de suffisants encouragements.

Ainsi s'explique la suprématie de Paris en matière de goût.

Où trouver en effet, où trouver ailleurs une pareille réunion d'objets d'art sans cesse livrés à l'étude et à la curiosité publique? Quel peuple, après son travail, se voit offert autant de nobles délassements, autant de distractions pleines d'enseignements utiles?

Nulle capitale, sous ce rapport, ne renferme plus de profitables richesses que Paris.

A chacun de nos musées le juste orgueil des nations étrangères peut opposer, il est vrai, quelque musée rival. Mais quel pays au monde pourrait opposer un Louvre à notre Louvre!

Autorisée par la valeur de ses trésors à tenir moins de compte du nombre des nôtres, Florence peut préférer son incomparable *Tribune* aux deux lieues (8000 mètres bien comptés) de chefs-d'œuvre de toutes les écoles que renferme notre galerie de peinture. L'Angleterre peut rivaliser avec nous pour les antiquités assyriennes, Rome pour sa calchographie, et bien d'autres encore pour d'autres spécialités. Mais quelle ville pourrait se vanter de posséder à la fois et réunis dans un même palais, à côté d'une aussi somptueuse collection de peintures, la plus admirable collection de dessins de maîtres qui existe au monde, — une belle réunion de gravures classiques, — un musée de sculptures antiques riche de chefs-d'œuvre tels que la Vénus de Milo et la Diane Chasseresse, — une magnifique série de sculptures nationales de toutes les époques, — un musée d'antiquités égyptiennes, grecques, étrusques tel que le musée Charles X, — de superbes monuments des arts assyriens, égyptiens, judaïques, américains, — une richissime collection d'objets du moyen âge, — et enfin un musée ethnographique de premier ordre, — sans compter le musée des souverains et le musée de marine, hors-d'œuvre infiniment intéressants auxquels on ne peut reprocher que de se rattacher trop indirectement à la question des arts. — Et tout cela pour le Louvre seulement; car le public parisien n'est pas moins libéralement admis au musée de Cluny, à celui du Luxembourg, à celui de Versailles, au cabinet des médailles et dans une dizaine d'excellentes bibliothèques.

La France, à qui semble appartenir l'initiative de toutes les mesures vraiment libérales, a depuis longtemps ouvert à tout venant les collections de l'État, comme faisant partie du domaine public, de cette richesse commune à tous dont il est logiquement juste que chacun profite. C'est ainsi que, chez nous, le peuple s'est habitué à ces nobles jouissances, qui le civilisent en élevant son niveau intellectuel. C'est ainsi qu'il s'est accoutumé à aimer, à respecter ces trésors, qu'il considère à bon droit comme la plus noble part du patrimoine commun. C'est ainsi enfin que s'explique comment, en nos jours de luttes les plus ardentes, nous avons vu toujours épargnées ces riches collections où, dans des jours plus calmes, le peuple vient avidement chercher une intelligente distraction et les plus utiles enseignements.

Les musées de Paris sont un lieu de pèlerinage favori pour la classe ouvrière, qui s'y porte en foule à ses moments de loisir. Et comme, grâce à Dieu, le fanatisme dominical des pays protestants n'a pas encore pris racine sur terre de France; comme, aux yeux du peuple parisien, rien dans la loi divine n'oblige à faire du jour de repos un jour de fainéantise et d'ennui, il y a plaisir à voir avec quel joyeux empressement chaque dimanche la foule envahit tous nos musées. C'est par vingt et trente mille, quelquefois même davantage, qu'il faut compter alors les visiteurs du Louvre.

Pour beaucoup, dira-t-on, le Louvre n'est qu'un lieu de promenade banale. L'intelligence artistique n'occupe pas grande place dans le cerveau du soldat, de la petite ouvrière ou de l'enfant, qui vont y dépenser une de ces heures de douce liberté si rares dans leur existence.

Non sans doute ceux-là ne vont pas au Louvre pour étudier; mais pourtant, n'en doutez point, ceux-là même en rapportent le plus souvent d'utiles impressions.

A la femme plaît tout d'abord, et comme instinctivement, ce qui brille par l'élégance et le bon goût. Elle s'assimile aisément ce qui la séduit. Aussi, peut-être, une bonne part des grâces en apparence naturelles qu'on admire dans la jeune population parisienne, est-elle due, plus qu'on ne le pense, à cette fréquentation des grands maîtres de l'art.

Quant aux enfants, qui très-souvent préfèrent la promenade du Louvre à tous les plaisirs habituels de leur âge, combien n'en avons-nous pas vu rapporter de là des trésors de naïf enthousiasme, admirable germe d'où a jailli plus d'un génie d'artiste, féconde semence qui prépare sans cesse de nouvelles moissons pour l'industrie française!

Et pour le soldat lui-même, n'est-ce pas déjà beaucoup s'il peut apprendre là qu'il y a dans ce monde des gloires qui marchent de pair avec celle des armes, et quelque chose de plus digne d'admiration que la force brutale? D'ailleurs, ne l'oublions pas, le soldat, chez nous, n'est le plus souvent qu'un ouvrier de la ville ou des champs momentanément mis par la loi à la disposition de M. le ministre de la guerre. Tant mieux pour lui, quoi qu'on en dise, si, en voyageant aux frais de l'État, il trouve l'occasion de se frotter à la civilisation des grandes villes. La seule compensation au préjudice qu'éprouvent la plupart de ces pauvres diables en payant leur dette à la patrie, c'est précisément l'avantage pour eux d'avoir vu du pays, comme ils disent, et d'en rapporter quelques idées de plus.

La foule du dimanche qui encombre nos musées est un peu comme le public qui se porte au Théâtre-Français le jour des spectacles gratis, public peu littéraire, peu lettré même, qui certainement ne comprend pas toutes les beautés de Racine et de Corneille, mais qui les sent, qui sait en jouir (ce qui est déjà beaucoup), qui a l'âme ouverte à tous les sentiments généreux, et qui, de ces nobles spectacles, rapporte toujours quelques bons instincts de plus.

Mais ce n'est qu'à de rares exceptions que les grands théâtres s'ouvrent gratuitement au menu peuple; il n'y entre ce jour-là qu'à coups de poing et à titre de faveur; tandis que, dans nos musées toujours ouverts, chacun se sent chez soi et se trouve ainsi naturellement porté à user de son droit avec le calme et la décence si nécessaires à la contemplation des œuvres d'art. L'admiration y devient communicative. Un échange continuel d'observations s'y fait dans chaque groupe, et, à l'user, plus d'un oisif indifférent finit par devenir un véritable amateur.

C'est surtout chez l'ouvrier parisien que se fait sentir l'effet de cette fréquentation habituelle des grands chefs-d'œuvre du génie humain. Dirigé le plus souvent dans ses travaux par des artistes habiles dont il est appelé à traduire manuellement les conceptions, nul n'a plus que lui le sentiment de la forme, et n'est mieux préparé pour mettre à profit cette nationale vulgarisation de l'art.

Nos musées sont, en quelque sorte, l'école supérieure de l'industrie. On peut dire qu'ils lui rendent autant de services le dimanche qu'ils en rendent pendant le reste de la semaine à l'étude des beaux-arts proprement dits.

Leur influence civilisatrice doit appeler sur eux toute la sollicitude du gouvernement, toute la munificence d'un grand peuple.

J'aime à reconnaître qu'il en est habituellement ainsi. Cependant tout est-il fait à cet égard? Et nos musées ne laissent-ils rien à désirer?

Examinons cette question.

Il y a beaucoup à louer, sans doute, beaucoup à admirer; mais cela ne veut pas dire qu'il n'y ait rien à reprendre. Sans dépasser la limite des sacrifices raisonnables, je suis convaincu qu'on pourrait faire mieux encore.

Rien n'est dangereux comme de s'endormir dans la contemplation de sa propre gloire.

Je l'ai proclamé tout le premier avec orgueil, nulle capitale, jusqu'à ce jour, ne peut se vanter d'un ensemble de collections comparable à celui que possède Paris. Mais nous ne sommes pas sans rivaux, et ces rivaux, pleins d'ardeur, nous égaleraient demain, nous dépasseraient bientôt, si notre vanité aujourd'hui satisfaite restait plus longtemps inaccessible à l'esprit d'émulation qui pousse nos voisins.

L'Angleterre, forte de son opulence, fait d'incroyables efforts pour nous atteindre. Prenons garde, elle marche à pas de géant!

La Russie elle-même nous devance trop souvent sur le marché des chefs-d'œuvre.

Nos collections sont belles; mais, quels que soient leur mérite ou leur splendeur, elles sont loin d'être complètes. Le laborieux et savant auteur des catalogues de notre galerie de peinture y a joint, pour l'instruction de tous, une liste, hélas! trop éloquente des maîtres qui ne figurent point au Louvre. Il aurait pu y joindre la liste de ceux qui n'y sont représentés que par des œuvres insuffisantes. Notre musée n'a point d'Albert Dürer, point de Masaccio, point de Carlo Dolci, point de Reynolds. Et pendant ce temps, bien d'autres maîtres figurent au livret pour des toiles qui ne peuvent donner qu'une très-imparfaite idée de leur talent.

C'est à combler ces regrettables lacunes que devrait s'appliquer, avant tout, l'Administration des Musées; c'est vers ce but que devraient tendre principalement ses acquisitions.

Qu'un collectionneur particulier fasse une folie pour saisir au passage quelque chef-d'œuvre d'un maître favori déjà représenté dans sa galerie, c'est son droit, et il fait très-bien de satisfaire ainsi son goût, ses prédilections personnelles. Mais il n'en est pas de même lorsque c'est pour le compte d'une collection publique qu'on achète. En pareil cas, l'engouement et la fantaisie ne sont plus permis. Toutes les écoles, tous les maîtres doivent également être représentés dans un musée.

L'Administration actuelle du Louvre a fait beaucoup de bonnes choses et même de très-bonnes acquisitions; mais elle n'a pas su résister toujours aux fâcheux entraînements. Tout le monde se rappelle l'histoire de l'*Immaculée Conception* de Murillo, de cette fameuse toile qu'on a plaisamment appelée le *tableau du règne*, sans doute parce qu'on ne fait guère deux fois dans un même règne une pareille folie. Six cent mille francs pour un tableau d'une pureté douteuse, inférieur en tous cas à certains autres que l'on possédait déjà du même maître! Que vaudraient donc à ce prix les *Noces de Cana*, la *Sainte Famille* de Raphaël, ou l'*Antiope* du Corrége? Six cent mille francs! Que de lacunes le Louvre eût pu combler avec ce trésor discrètement employé!

Combien, pour une pareille somme, l'Allemagne, l'Angleterre et l'Italie n'auraient-elles pas eu d'Albert Dürer, de Reynolds et de Luini à nous céder!

Du reste, une fois n'est pas coutume. L'administration des musées, c'est une justice à lui rendre, ne paye d'ordinaire les chefs-d'œuvre que ce qu'ils valent. Elle a enrichi le Louvre d'un incomparable dessin de Raphaël, d'un délicieux Primatice, de deux petits volets de Hemling, d'un excellent Hobbema, d'un Boucher, d'un charmant Vélasquez, de plusieurs Murillo, et bien d'autres toiles encore, qui n'ont coûté certainement que ce qu'elles valaient.

Mais les tableaux ne sont pas tout. Le Louvre a bien d'autres collections à compléter. Or, il y a trois manières d'enrichir une collection publique :

1° par des acquisitions isolées;

2° par des acquisitions en bloc de collections particulières;

3° en faisant rentrer dans les musées des

objets d'art disséminés, qui font déjà partie du domaine public.

Comme exemple de ce dernier procédé, je citerai le plafond de Paul Véronèse, ainsi que le *Milon de Crotone* du Puget, le *Philopœmen* de David, et divers autres marbres de grande valeur jadis exposés, dans nos jardins publics, à l'influence délétère de notre mauvais climat, et que le zèle éclairé d'un savant conservateur est parvenu à conquérir pour nos musées.

Je comprends moins l'opération inverse, et je me demande en vertu de quel principe on a pu tout récemment dépouiller nos établissements publics d'œuvres d'art importantes, sous le vain prétexte de rendre celles-ci aux églises qui les avaient primitivement possédées. A Notre-Dame on a rendu les belles statues de Louis XIII et de Louis XIV qui ornaient les galeries du Louvre; à la cathédrale de Reims le calice dit de saint Remy, véritable chef-d'œuvre d'orfévrerie du moyen âge, que le cabinet des antiques s'enorgueillissait de posséder depuis la Révolution.

Rien de plus irrégulier, de plus illogique que ces restitutions tardives, à la faveur desquelles on ne s'aperçoit pas qu'on crée de fâcheux précédents.

C'est ainsi que procéda la Restauration, lorsqu'il lui plut de détruire, en sa qualité d'institution révolutionnaire, l'intéressant musée des monuments français. Mais, si l'on en revenait aujourd'hui à de pareils errements, il faudrait également licencier alors le musée de Cluny; car, là non plus, il n'est guère de joyaux, de vases sacrés, de châsses, de crosses d'évêques, d'ornements, de retables, de vitraux qui, dans le principe, n'aient appartenu à quelque église.

Peut-être s'est-on aperçu récemment que, sur le pied du calice de saint Remy, le donateur avait fait graver avec soin une formule d'excommunication contre quiconque distrairait ce vase du trésor auquel il était destiné. Il y avait en effet là de quoi faire réfléchir, de quoi troubler des consciences timorées. Nos pères (les mécréants qu'ils étaient) ne s'étaient guère émus de cette menace. Nous sommes moins braves, paraît-il.

Mais revenons à nos chers musées, et aux modes de recrutement dont ils peuvent se servir.

L'acquisition isolée est celui qui s'offre le plus souvent, celui, en même temps, où peuvent le mieux se manifester le discernement, le tact et l'habileté de l'acquéreur. Seulement, pour cela, il ne faut pas trop se presser : cela demande beaucoup de patience, et Dieu sait que, de nos jours, on n'en a guère. L'occasion est chauve, disaient les anciens. Aujourd'hui on lui met une perruque pour l'attraper plus facilement par les cheveux.

L'occasion s'offre sous toutes ses formes à une administration comme celle de nos musées. Il n'y a pas de croûtes qui ne se présentent à elle un jour ou l'autre sous les plus pompeuses étiquettes. Il est rare, du reste, que l'administration s'y fasse prendre. Son tort serait plutôt de laisser échapper quelquefois des œuvres dignes de toute estime.

L'occasion se présente encore sous forme de ventes publiques, et cette forme est peut-être la plus perfide. Jadis on y faisait de beaux coups; mais aujourd'hui la table des ventes n'est plus qu'un véritable tapis vert où la fureur du jeu et la spéculation l'emportent de beaucoup sur l'amour de l'art. De là, des valeurs de convention contre lesquelles le bon sens se révolte en vain. Un chandelier de cuivre à figures, du onzième siècle, s'est vendu dernièrement 12 000 francs; une salière de faïence de Henri II, 14 000 francs; un tableau du genre de Bonnington, 40 000 francs, tandis qu'un Titien ne trouverait pas d'acheteur à ce prix.

Ce sont là des engouements auxquels les directeurs des grandes collections publiques ne doivent jamais céder. Leur habileté, au contraire, devrait consister à savoir profiter des réactions de la mode, des *baisses* momentanées qui se produisent sur certaines *valeurs* parfaitement bonnes au point de vue de l'art sérieux.

Or, l'administration des musées n'a pas toujours ce courage stoïque, cette haute sagesse, qui font résister aux entraînements du jour. Elle se laisse aisément séduire par ce dont on fait grand bruit, et, par suite de cette faiblesse, on peut lui reprocher d'avoir payé fort cher certains objets qu'on lui avait vainement offerts à vil prix avant qu'ils eussent été mis en vogue par leur passage dans une riche et célèbre collection particulière.

Pour un musée, la manière la plus expéditive de s'enrichir est évidemment d'acquérir, à titre onéreux ou gratuit, une collection toute faite et d'une valeur déjà reconnue.

Sans parler du musée de Cluny, dont l'origine n'est autre qu'une acquisition de ce genre, je citerai, comme récents exemples, la collection Sauvageot, si généreusement donnée au Louvre par son créateur, et la première collection chinoise de M. de Montigny, acquise pour le musée ethnographique. Pourquoi faut-il, hélas ! que le gouvernement ait laissé échapper la seconde collection chinoise réunie par le même amateur, collection sans rivale et d'une richesse inouïe, devant laquelle les prétendues dépouilles opimes de l'empereur de la Chine faisaient, il faut l'avouer, une bien piteuse figure?

Pourquoi surtout faut-il que, tout dernièrement encore, on ait laissé passer en des mains habiles, moyennant un prix relativement modique, l'incomparable collection du prince Soltykoff, laquelle, réunie aux trésors que nous possédons déjà, eût assuré aux musées français, en ce qui concerne les arts du moyen âge, une supériorité tellement considérable que tout autre pays eût dû renoncer pour longtemps à la lui disputer?

Je voudrais pouvoir féliciter, du moins, l'Administration des Musées relativement à l'importante acquisition de la collection Campana. Mais, hélas! c'est une proie qu'elle ne tient pas encore, Dieu sait même si elle la tiendra jamais.

Le soin de réaliser cette importante acquisition avait été confié à des négociateurs très-compétents et heureusement fort habiles; car cette fois encore, la France s'était laissé prévenir par la Russie, et les choses auraient bien pu se passer à Rome comme chez la laitière, où la crème est ordinairement le partage du premier acheteur. Heureusement aussi, la Russie a été si mal servie dans cette affaire, que nous avons eu peu à souffrir de son droit de préemption.

En somme, nous avons donc fait une bonne affaire. Cette magnifique collection vaut les millions qu'elle a coûté. Il s'y trouve de tout : des marbres antiques fort remarquables, de beaux bronzes, une incomparable collection de terres cuites antiques, des bijoux splendides, des faïences du moyen âge, une réunion unique de tableaux des maîtres primitifs de l'école italienne; enfin de quoi enrichir simultanément, si on l'eût voulu, tous les musées spéciaux que renferme le Louvre.

Cependant, au lieu d'employer cette précieuse acquisition à compléter une foule d'intéressantes séries, on a préféré, quant à présent, faire de la collection Campana un musée spécial et distinct sous le nom de *Musée Napoléon III!* Je n'ai rien à objecter assurément contre ce vocable. Que chaque souverain à son tour soit jaloux d'inscrire son nom sur la porte de quelque sanctuaire du génie, c'est là sans doute une très-noble émulation. Seulement j'aurais voulu que le nouveau musée trouvât sa place au Louvre. Je l'espérais et j'ose presque l'espérer encore, en voyant le caractère éminemment provisoire du local qu'occupe la nouvelle collection. Qu'il y ait un musée Napoléon III, comme il y a déjà un musée Charles X, rien de mieux. Baptisez de ce nom telle aile ou tel étage du Louvre qu'il vous plaira. Mais faut-il donc, pour cela, morceler les collections et dérouter les recherches des savants par un fractionnement que la raison repousse?

A cela, je ne vois qu'un motif.

Quelques bons esprits ont exprimé la crainte que la collection Campana, si une fois elle entre au Louvre, ne soit perdue en partie pour le public, qu'on n'en expose qu'une portion, et qu'on laisse s'écouler des années entières avant de la classer et de la cataloguer convenablement. Cette objection renferme une critique sévère, mais malheureusement assez justifiée par les faits. Elle doit commander à l'administration des musées un redoublement de zèle.

Mais je n'en persiste pas moins à penser qu'en principe il est mauvais de multiplier inutilement les collections du même genre dans la même ville.

A plus forte raison, toute collection particulière entrant au Louvre devrait être immédiatement versée et fondue dans la grande et unique collection de l'État, comme cela se pratique pour les livres à la rue de Richelieu. Cependant il se manifeste depuis quelque temps une tendance toute différente, et déjà le public se demande pourquoi la collection Sauvageot forme un musée spécial, accessible seulement aux élus.

Bien embarrassé, en effet, est celui qui veut étudier au Louvre les objets du moyen âge. Tout y est éparpillé. Qu'on ait à consulter, par exemple, les émaux (une des spécialités où nous sommes le plus riches) on ne sait où les trouver. Jusqu'à ces derniers temps, une partie en était enfouie dans le cabinet des bijoux, sanctuaire d'un prix inestimable, malheureusement devenu, grâce à M. Lefuel, aussi sombre qu'un caveau; et le reste, guère mieux éclairé, garnissait loin de là, les vitrines d'une salle de passage conduisant au grand salon de l'école française. Depuis lors, on a voulu utiliser la galerie d'Apollon. D'opulentes vitrines y ont été placées, et dans ces vitrines, on a réuni les plus remarquables émaux que le Louvre possède. Seulement ces vitrines sont si lourdes qu'il faut cinq hommes pour les ouvrir; elles sont si belles qu'on a mis des barrières pour tenir le public à distance, et le jour est si bien calculé, qu'il miroite sur les glaces, au point de ne plus laisser rien voir de ce qu'elles recouvrent. Comme luxe, c'est splendide: comme étude, c'est on ne saurait moins satisfaisant. Et puis l'ordre, le classement font toujours défaut. Tous les émaux ne sont pas là; on ne sait pas où est le reste, et quant à ceux de la collection Sauvageot, c'est bien loin, c'est à un autre étage qu'il faut aller les chercher.

Le Louvre, si fort agrandi, le Louvre, qui donne asile aujourd'hui à tant de chevaux, tant de gendarmes et tant d'administrations étrangères aux beaux-arts, ne pourrait-il donc offrir un local spécial et suffisant à chacun des départements de nos musées ?

Je ne m'en prends pas uniquement à l'administration qui dirige ces derniers, d'une insuffisance de classement que peut expliquer jusqu'à un certain point l'insuffisance même des locaux aujourd'hui à sa disposition. Si elle pèche quelque peu sous le rapport de l'ordre, du moins a-t-elle donné de nombreuses preuves de zèle. On lui doit de nombreuses améliorations, dont quelques-unes, il est vrai, avaient été préparées dès 1848. Grâce à elle, se trouvent aujourd'hui réunies au Louvre les plus remarquables œuvres de la sculpture française. Les antiquités assyriennes, égyptiennes et américaines ont pris un grand développement. Elle a fondé enfin le *Musée des Souverains*.

De cette dernière création je ne puis cependant la féliciter qu'à demi. Il y a là une belle idée mal digérée (ou mal dirigée, si vous aimez mieux) : ce n'est pas des *souverains*, c'est des *grands hommes* qu'il fallait dire. Passe encore si tous les souverains étaient des Charlemagne ou des Napoléon ; mais, franchement, l'écritoire de Corneille me paraîtrait plus digne d'être conservée que l'épée de Louis XIII, et, si le lit de camp du grand empereur m'intéresse à contempler, je ne puis m'empêcher de sourire devant les petites culottes de casimir blanc du roi de Rome.

La futilité et le *bric-à-brac* sont deux écueils difficiles à éviter, lorsqu'on se lance dans de pareilles eaux.

Il y avait mieux à faire, si l'on voulait à toute force créer un nouveau musée. Chez nous, quelles que soient nos richesses, l'art n'est pas encore représenté sous toutes ses formes, l'art contemporain, l'art du dix-neuvième siècle surtout. Comment se fait-il, par exemple, qu'il n'y ait pas dans nos musées un seul tableau anglais ou allemand de ce siècle ou de celui qui l'a précédé, pas un Reynolds, pas un Lawrence, pas un Turner, pas un Landseer, pas un Overbeck, pas un Cornelius, à peine un marbre de Canova, et pas une statue de

Thornwaldsen, ni de Rauche, ni de Tenerani? L'art des pays étrangers est, autant dire, absolument inconnu chez nous. N'y a-t-il donc pas là une lacune à remplir?

Le Louvre est sur le point, dit-on, de donner plus de développement à ses vitrines. Il faut s'en réjouir; car c'est le seul moyen de livrer entièrement à l'étude une foule d'objets antiques de la plus grande valeur jusqu'ici restés enfouis en magasin. Mais dans ce classement nouveau, ne pourrait-on pas réserver une section spéciale pour les objets gallo-romains qui nous touchent de si près, et dont notre musée national possède de nombreux spécimen? Il faut espérer qu'on ne les exportera pas tous à Saint-Germain.

Ne pourrait-on pas trouver aussi un moyen quelconque de faire passer alternativement sous les yeux du public un plus grand nombre de ces dessins de maîtres, dont l'admirable collection remplit une foule de cartons où ils restent à jamais inaccessibles et inconnus? Pour être moins attrayante que celle des œuvres peintes, l'étude des dessins de maîtres n'en est pas moins la plus utile peut-être à laquelle puissent se livrer les jeunes adeptes de l'art sérieux.

Ne pourrait-on pas également parvenir enfin à doter tous les départements de nos musées de catalogues au moins sommaires? L'ancien conservateur de la collection des tableaux a depuis longtemps publié les siens, et quoiqu'on ait relevé, en les exagérant avec passion, les erreurs qui ont dû se glisser nécessairement dans un travail aussi considérable, on doit savoir un gré particulier à M. Villot du zèle, trop peu imité, avec lequel il s'est acquitté de cette lourde tâche. D'autres conservateurs, M. de Longpérier, M. de Laborde (aujourd'hui directeur général des Archives de l'empire), ont satisfait partiellement à des exigences analogues. Mais l'immense majorité des trésors que renferme le Louvre reste encore sans catalogues. Inutile de rappeler ici quelles sont spécialement les collections à travers lesquelles le public reste indéfiniment condamné à errer sans guide. Ce serait un reproche trop direct aux conservateurs qui se laissent distraire de cette partie si importante de leur mission par des travaux d'autres natures.

Le classement est un élément d'ordre non moins indispensable que les catalogues.

Pour qu'il puisse s'exécuter d'une manière convenable, il faudrait plus d'espace, je l'ai déjà reconnu. Mais, après les gigantesques travaux qu'on a récemment faits au Louvre, on serait difficilement pris au sérieux si l'on venait à dire que l'espace y manque. D'ailleurs, les seuls bâtiments qui circonscrivent la cour carrée, et qui, avec la grande galerie, constituent jusqu'ici le vrai sanctuaire des arts, renferment encore bien des locaux qu'on pourrait utiliser. Il ne manque, par exemple, que des escaliers convenables pour mettre en valeur tout le second étage, où se trouvent aujourd'hui perdus, au milieu de sombres déserts et de tortueux couloirs, les bureaux de l'administration et les cabinets de messieurs les conservateurs.

Le Louvre est beau; mais, distribué comme

il l'est, il n'est pas commode. Toutes les collections devraient communiquer entre elles, de telle sorte que, une fois entré, le public n'eût plus à ressortir pour en faire le tour complet. A cet effet, il suffirait de sacrifier le logement de quelques fonctionnaires faciles à caser ailleurs.

Aujourd'hui tout est morcelé, ce qui offre, pour le public, des inconvénients tels que certaines collections sont presque délaissées. On s'en plaint avec raison. Ainsi, par exemple, lorsqu'il fait mauvais temps, n'est-il pas fort déplaisant, pour les visiteurs à qui l'on a fait déposer leurs parapluies, d'avoir à courir de porte en porte à travers la vaste cour du Louvre, quand une communication à couvert pourrait être si facilement établie sous les quatre grands vestibules, comme elle l'est déjà sous celui de la colonnade?

Je ne voudrais pas trop insister, du reste, sur ces améliorations toutes matérielles et de détail. L'important, bien entendu, ce sont les collections. C'est sur leur prospérité, leur agrandissement, leur mise en valeur chaque jour plus complète que doivent se porter, se concentrer tous les efforts d'une Administration dont chacun aime à reconnaître les services déjà rendus et les bonnes intentions.

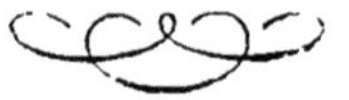

II

DES RESTAURATIONS DE TABLEAUX

II

DES RESTAURATIONS DE TABLEAUX.

Cri d'alarme. — Croisade contre les restaurations. — Ce qu'il en faut penser. — Les *Noces de Cana*. — La galerie de Rubens. — Les Murillo. — Le *Saint Michel* de Raphaël. — Établissement d'une commission de contrôle.

La population parisienne, justement fière de son Louvre, dormait du plus tranquille sommeil, et croyait pouvoir jouir en paix de ses chefs-d'œuvre favoris, lorsque, dernièrement, un cri d'alarme vint la tirer de sa quiétude.

« A l'assassin! » — s'écriait une vénérable voix dont l'énergie sait triompher des ans lorsqu'il s'agit d'appeler au secours; — « à l'assassin! au meurtre! à moi! on égorge, on assassine Raphaël! à moi les maîtres! à moi les amateurs! à moi les rapins! à moi l'Académie! à moi les sergents de ville! à moi la presse, que pourtant je n'aime guère! à moi tout le monde! on assassine Raphaël! »

Qui n'eût répondu à ce formidable appel! Tuer Raphaël, le divin, le maître des maîtres! Ceux-là même qui aspirent le plus naïvement à le remplacer s'en émurent. L'Académie en frémit de bonne foi, le public sur parole, et tout ce qui se mêle d'art en frémit également par état ou bien par prétention.

De quoi s'agissait-il?

D'un fait grave et malheureusement trop réel, d'une restauration mal faite; — d'où l'on conclut aussitôt que toutes les autres devaient l'être de même, qu'en principe toute restauration était un acte de vandalisme, et que tous ceux qui y contribuaient étaient des vandales.

A la bonne heure! Parlez-moi d'un radicalisme comme celui-là :

Point de restauration, à aucun prix!

Si c'est en politique, je suis assez de cet avis. Mais s'il s'agit de tableaux, il faut se rendre compte d'abord de la portée d'un pareil vœu.

Qu'on le sache bien, proscrire absolument toute espèce de restauration en fait de peinture, c'est condamner la plupart des tableaux anciens à mourir de leur belle mort dans un temps plus ou moins court.

Autant vaudrait donc crier : « La mort, plutôt que la toilette ! »

C'est une belle chose sans doute que le respect des œuvres magistrales. Bien profane serait la main qui voudrait y ajouter ou y corriger quoi que ce fût.

Je ne connais qu'un Wurtembergeois qui ait été capable de restituer a la Vénus de Milo les bras qui lui manquent, et (*proh pudor!*) de lui faire jouer des castagnettes. Voilà le vandale, le vrai vandale de race ! Criez à l'assassin contre celui-là, contre celui qui voudra terminer une ébauche de Rubens ou de Michel-Ange ! Je crierai avec vous.

Mais si la mousse vient à pousser sur le marbre de Michel-Ange, si une croûte enfumée de mauvais vernis moderne couvre l'éclatante peinture de Rubens, faudra-t-il donc aussi respecter dévotieusement la mousse ou le mauvais vernis?

Si le bois vermoulu d'un vieux tableau tombe en poussière, si la toile usée ou même déchirée menace de se transformer prochainement en lambeaux, faudra-t-il donc laisser tranquillement s'accomplir l'œuvre de destruction?

Oubliée pendant des siècles sur un vieux mur salpêtré, la *Cène* de Léonard de Vinci n'est plus que l'ombre fugitive d'un chef-d'œuvre admiré désormais sur parole. Supposez, au contraire, qu'une main habile l'eût transportée sur toile, lorsqu'il en était temps encore, elle eût pu parvenir intacte jusqu'à nos derniers neveux.

Autre exemple qui nous touche de plus près, et qui touche surtout l'administration actuelle de nos musées :

Le Louvre possède un des tableaux les plus

grands et les plus beaux qui soient au monde, les *Noces de Cana*, par Paul Véronèse, mémorable trophée de nos conquêtes. En 1815, nos bons amis les alliés ne se firent pas faute, on le sait, de reprendre à nos musées une foule de chefs-d'œuvre que leurs armes n'avaient pas su protéger contre nous. L'Autriche, maîtresse alors de Venise, comme, hélas! elle l'est encore aujourd'hui, avait à faire valoir ses droits d'oppresseur pour nous enlever le chef-d'œuvre du Véronèse. Mais, par bonheur pour nous, cette toile était en si mauvais état, qu'elle fut jugée incapable de supporter le transport.

C'était un tableau hors de service. On nous le laissa comme tel.

Il n'y avait qu'un moyen de sauver le tableau : c'était de le rentoiler; mais, vu ses dimensions colossales, l'œuvre semblait tellement imposante, que pendant quarante ans nul ne se sentit le courage de l'entreprendre. C'est une des gloires de l'administration actuelle que d'avoir eu cette audace. Aujourd'hui les *Noces de Cana*, rajeunies et remises dans les meilleures conditions de durée, sont appelées, il faut bien l'espérer, à faire, pendant des siècles encore, un des plus beaux ornements de notre musée.

Tout le monde sait, du reste, que les peintres vénitiens sont ceux qui ont apporté le plus de soin dans la préparation de leurs couleurs et l'exécution matérielle de leurs tableaux. Ils ont peint en quelque sorte avec prévoyance, et le fruit de ce soin est la conservation de leurs œuvres, où la couleur s'est maintenue, à peu de chose près, dans sa valeur primitive.

Il s'en faut bien que les peintres des autres écoles aient procédé de même.

En outre, dans beaucoup de cas, les soins inintelligents donnés à d'anciens tableaux ont amené des résultats véritablement déplorables. Pendant longtemps on ne croyait pouvoir mieux faire que d'ajouter couches sur couches d'un vernis mal préparé, véritable glacis brunâtre dont l'abus devait nécessairement dénaturer la couleur des maîtres en la couvrant d'une triste et uniforme patine.

Faudra-t-il donc aussi respecter les vernis à l'égal des chefs-d'œuvre qu'ils recouvrent?

L'auteur très-passionné d'une brochure publiée sur cette question signale tout particulièrement le danger qu'il peut y avoir à enlever les vernis, puisque certains maîtres ont peint dans le vernis même.

Que M. Galichon me permette de le lui dire, ce danger est un peu imaginaire. Personne ne le sait mieux que lui, il y a des vernis de toutes sortes. Une simple éponge imbibée d'eau enlèvera l'un, tandis qu'un autre résistera aux réactifs les plus violents. Quant aux tableaux peints dans le vernis, ils sont heureusement fort rares; car la restauration en est à peu près impossible. Dans ceux-là, le vernis fait tellement corps avec la peinture qu'on ne saurait enlever l'un sans l'autre. Autant vaudrait entreprendre de retirer d'un tableau moderne l'huile qui sert à en fixer les couleurs.

Ce qu'il y a de certain, c'est qu'on ne peut songer à restaurer d'aucune façon un tableau sans enlever préalablement le vernis qui le recouvre.

Et d'abord, c'est l'opération qui doit nécessairement précéder tout rentoilage, puisque la couche de peinture ne peut être détachée de la toile qu'après avoir été fixée par un collage provisoire sur une feuille de papier, auquel elle ne saurait évidemment adhérer si elle en était séparée par le vernis.

Donc, si l'on reconnaît que la conservation de certains tableaux exige qu'ils soient rentoilés, la conséquence nécessaire est qu'il faut commencer par enlever le vernis de ces tableaux. Cela s'est toujours fait ainsi ; c'est une question de métier plutôt encore qu'une question d'art.

Un point plus délicat et plus controversable, c'est de savoir si la conservation matérielle d'un tableau exigeant sa restauration, il est préférable de le ramener autant que possible à son état primitif, aux conditions où il se trouvait en sortant de l'atelier du peintre, ou bien s'il faut respecter les stigmates du temps, l'effet des influences atmosphériques, ou même du traitement plus ou moins éclairé que les œuvres anciennes ont pu subir.

Par exemple, faut-il laisser subsister la patine enfumée et jaunie par le temps qui, dans un paysage, a transformé en vert brun l'azur du ciel, ou bien faut-il enlever cette espèce de couverte étrangère à la peinture elle-même et à l'intention du peintre, pour retrouver, par dessous, le bleu primitif du ciel?

Si le moindre doute s'élève sur le succès de l'entreprise, au nom du respect des maîtres, le mieux sans doute est de s'abstenir. Mais, si des mains habiles sagement dirigées peuvent, selon toute vraisemblance, rendre à l'œuvre son caractère primitif, n'est-ce pas pousser le respect jusqu'à la superstition, que de respecter même ce qui est venu progressivement altérer ce caractère?

Ainsi l'avait pensé l'Administration des Musées.

Beaucoup de toiles étaient à restaurer. — Il ne faut pas s'en étonner : ce n'est pas impunément que, pendant plus de quarante ans, la grande galerie du Louvre avait servi aux expositions annuelles ; — ce n'est pas impunément que la poussière, les exhalaisons de milliers de visiteurs, les chaleurs de l'été et le voisinage des brouillards de la Seine agissent sans cesse comme autant d'agents délétères sur ces milliers de toiles la plupart fort anciennes ; — ce n'est pas impunément enfin que, par suite de travaux conçus en dehors d'elle, l'Administration des Musées s'est vue contrainte, *dix fois depuis douze ans*, à déplacer huit mille mètres de peinture. On le comprendra sans peine, bon nombre de tableaux ont dû souffrir de ces continuels déplacements, et d'assez nombreuses restaurations étaient devenues indispensables.

La première qui ait fixé l'attention publique est celle des Rubens. Le nombre, la grandeur et l'importance des toiles y étaient pour beaucoup. Mais ce qui devait frapper surtout était l'innovation d'un parti pris consistant à rendre à l'œuvre son aspect primitif. C'était là sans doute un fait considérable, et l'Administration elle-même s'en rendit si bien compte qu'elle jugea prudent de consulter d'abord, et tout à la fois, les hommes compétents et l'opinion des masses. Des portions considérables de divers tableaux furent laissées encore sous la sombre couche de leur ancien vernis, faisant contraste avec l'éclatante, mais toujours harmonieuse couleur des parties où la peinture primitive avait été remise à nu, et les tableaux replacés dans la grande galerie y restèrent exposés en cet état pendant plus d'un mois.

Les avis, sans doute, ne furent pas unanimes; mais je ne crois pas me tromper en affirmant que la grande majorité du public, et particulièrement la critique des journaux, applaudirent à cette tentative.

Peut-être, il est vrai, l'attention publique s'était-elle laissé captiver trop exclusivement par le principe même de l'innovation qu'on lui proposait, sans s'occuper assez de l'exécution. Le système pouvait être bon; mais il y avait bien quelque chose à redire, quant à la manière dont il avait été appliqué. Tous les tableaux n'avaient pas été traités avec une suffisante légèreté de main, et si tous avaient repris leur légitime éclat, dans quelques-uns, dans celui par exemple où Rubens a réuni tous les dieux de l'Olympe en conseil, on n'était pas assez sûr de retrouver sans altération la touche si franche du maître.

Depuis lors, bon nombre d'autres restaurations avaient passé sans bruit et sans scandale. Il n'y avait pas à s'en plaindre. L'*Enfant prodigue* de Rembrandt et la *Grande kermesse* de Teniers n'ont certainement fait qu'y gagner. Dans ce dernier tableau, une bande de l'ancienne patine, malicieusement laissée en plein ciel par le restaurateur, montre assez tout ce que la couleur du tableau a gagné à ce rajeunissement.

Les restaurations de deux célèbres tableaux espagnols provenant du maréchal Soult avaient seules provoqué quelques réclamations.

L'une d'elles, il est vrai, celle du tableau de *la Nativité*, pouvait donner lieu à de légitimes critiques. Car, non content de nettoyer le tableau, le restaurateur en avait bravement fait disparaître un effet de soleil couchant auquel le public était dès longtemps habitué. A cela on a répondu que ce soleil couchant était une fantaisie du maréchal Soult, qui l'avait lui-même fait ajouter à l'œuvre de Murillo. Est-ce bien vrai? Je ne saurais le dire.

Enfin Raphaël vint à son tour.

« Ne touchez pas à la reine! » disait la vieille étiquette de la cour d'Espagne.

« Ne touchez pas à Raphaël! » seraient tentés de s'écrier, avec encore plus de raison, beaucoup d'hommes de bien, pour qui Raphaël vaut toutes les reines du monde.

Cependant si le feu prenait à la crinoline de la reine d'Espagne, Sa Majesté Catholique serait trop heureuse qu'un sujet dévoué voulût bien se jeter sur elle avec une couverture de laine.

De même, si un tableau de Raphaël est dans un tel état qu'il soit menacé de ruine prochaine, ne vaut-il pas mieux encore y porter respectueusement la main que de le laisser périr à force de scrupules?

Le *Saint Michel* de l'immortel peintre d'Urbin en était là, assure-t-on. (Je n'ai pas vérifié le fait, mais je le crois exact.) On se mit donc à le restaurer.

Que les passionnés admirateurs du maître en aient frémi, je le conçois. N'est-ce pas ainsi que nous frémissons tous, quand nous savons un de nos amis les plus chers sous le scalpel du chirurgien qui cherche à le délivrer de quelque infirmité grave?

Bientôt pourtant le bruit se répandit que l'opération marchait mal, et, chose non moins grave, que, le rentoilage une fois fait, une main profane s'était avisée de repeindre, voire même de *modifier* certains détails de la grande œuvre de Raphaël.

Certes, il y avait bien là de quoi justifier le cri de détresse poussé quelque part aux environs du pont des Arts.

Cependant la chose valait examen, et, avant de fulminer, on aurait pu s'enquérir. Sans doute, il n'y avait que trop de vrai dans les bruits répandus. On avait en partie repeint, on avait modifié, *raccourci* un des pieds du saint Michel. Mais ce qu'il faut savoir, c'est que ce même pied, un illustre peintre du premier Empire, Girodet, avait pris, de son chef, la liberté de l'*allonger*, il y a quelque cinquante ans, et qu'ayant, par suite du rentoilage, reconnu, à l'envers de la peinture, les traces du dessin primitif, le restaurateur actuel n'a eu d'autre prétention que de remettre chaque chose en place, et de réparer ainsi un acte de vandalisme antérieur.

C'était oser beaucoup. Cette opération délicate et contestable a-t-elle été faite avec un talent suffisant? J'avoue que je ne le crois pas.

Le rentoilage lui-même, opération pourtant bien simple, laisse beaucoup à désirer : il y a des boursouflures, cause trop réelle de détérioration pour un tableau.

En un mot cette restauration n'est pas satisfaisante. On ne saurait lui attribuer le caractère de vandalisme intentionnel qu'on lui avait imputé d'abord; mais il n'en est pas moins permis de déplorer le mauvais succès d'une opération aussi grave, tentée sur un des principaux chefs-d'œuvre de la galerie du Louvre.

De tout cela, on a tiré la conclusion que l'Administration des Musées était dans une détestable voie en ce qui concerne la restauration des tableaux. Il y eut un *tolle* général, selon moi, fort exagéré. Le principe adopté n'était pas mauvais en lui-même; seulement, il n'a peut-être pas été appliqué avec assez de discrétion, et peut-être aussi cette besogne éminemment délicate n'a-t-elle pas été toujours confiée à des mains suffisamment habiles et prudentes.

Quoi qu'il en soit, l'Administration supérieure, comprenant qu'elle devait donner, à cet égard, une satisfaction et des garanties sérieuses au public, a décidé, depuis lors, que nulle restauration de tableaux n'aurait lieu désormais autrement que sur l'avis des membres de l'Académie des beaux-arts (musiciens exceptés).

L'intention de cette mesure est fort louable; mais la mesure en elle-même ne me paraît pas conçue de manière à offrir toutes les garanties qu'on en espère.

D'abord il ne suffit pas de bien discerner si l'état actuel d'un tableau exige, oui ou non, qu'il soit immédiatement restauré; il ne suffit pas même de décider d'après quel système la restauration devra être faite, dans quelles limites elle devra se restreindre. Il faut encore et surtout que ce travail soit confié à des mains habiles, et incessamment surveillé par les hommes les plus capables.

Ensuite l'Académie des beaux-arts qui, même après en avoir excepté la section de musique, contient encore autant et plus de sculpteurs, de graveurs en médailles et d'architectes que de peintres, est-elle bien la réunion des hommes les plus spéciaux à qui puisse être confié cet important contrôle?

Enfin les peintres eux-mêmes seraient-ils les seuls arbitres bons à consulter en pareille matière?

Les mauvaises langues prétendent que ces messieurs ne sont pas toujours bons connaisseurs en fait de peinture. Je suis loin de partager cet impertinent avis. Mais ce qui est beaucoup plus vrai, c'est que la question d'art n'est pas toute dans la restauration des tableaux, celle-ci se compliquant d'une série d'opérations mécaniques et chimiques auxquelles le meilleur peintre du monde peut n'entendre pas grand'chose.

Peut-être donc eût-il mieux valu, pour composer cette commission, adjoindre aux *peintres* de l'Institut quelques hommes véritablement spéciaux, et réunissant la connaissance propre du *métier* à toutes les lumières supérieures de l'art.

Quoi qu'il en soit, et quelque exagérées qu'aient pu être les accusations dirigées contre l'Administration des Musées, il en sortira certainement du bien. Et si saint Michel n'extermine pas cette fois le démon de la restauration, comme l'auraient bien voulu certains ultra-raphaélistes, du moins les restaurateurs de tableaux, bien et dûment avertis que le public n'entend pas plaisanterie en ce qui concerne ses bien-aimés chefs-d'œuvre, redoubleront, j'en suis convaincu, de soins et de prudence dans la conduite de leurs travaux.

III

LE LOUVRE

III

LE LOUVRE.

Historique de son achèvement. — Difficultés du programme. — Plan de Visconti. — Examen critique des travaux exécutés.

Le décret du gouvernement provisoire qui, dès le lendemain de la révolution de février, ordonna l'achèvement du Louvre, désignait ce monument sous le nom de *Palais du peuple*. C'était à la fois une vérité et une flatterie : flatterie bien innocente en comparaison de celles dont on ne se fait jamais faute d'enivrer le peuple aux jours de sa toute-puissance ; vérité incontestable, si l'on songe à la destination toute nationale du Louvre, à la protection dont les sympathies populaires ont toujours couvert ce sanctuaire de l'art, au milieu de nos luttes les plus ardentes.

En 1830, la colonnade du Louvre est emportée d'assaut par le peuple, après une longue et meurtrière fusillade; la foule armée se précipite; tout est à sa merci. Mais, de même que les flots les plus menacants d'une tempête viennent expirer sur le sable du rivage, de même les colères du combat expirent et s'affaissent soudain sur cette plage, dont chaque grain de sable est un chef-d'œuvre du génie humain. Tout est respecté; tout est mis à l'instant sous la sauvegarde du vainqueur.

En 1848, le Louvre ne courut pas même de danger. Mais la révolution le trouvait dans un assez triste état, dû en grande partie à la mauvaise administration du règne qui finissait. Depuis longues années, tout l'espace compris dans le périmètre inachevé du Louvre était resté dans un état de honteux abandon. De sordides masures à moitié démolies faisaient saillie de toutes parts au milieu de terrains vagues et fangeux. Une abominable galerie de bois, élevée pour une fête, puis indéfiniment laissée en place malgré tous les dangers d'incendie, se cramponnait le long de la grande galerie. Tout pâtissait, tout restait en suspens depuis plus de trois lustres, l'État et la liste civile se disputant l'administration et se renvoyant mutuellement les charges et la dépense des musées.

Aujourd'hui, la question est tranchée : l'État a payé, et la liste civile jouit. C'était, paraît-il, la seule manière d'en finir.

Mais ce qui a réellement enlevé la question, c'est l'initiative du gouvernement républicain de 1848. Dès le jour de son avénement, il avait décrété en principe l'achèvement du Louvre, et commencé à faire nettoyer la place ; le temps et les moyens légaux lui manquèrent pour faire plus. Ce fut le gouvernement du général Cavaignac qui eut l'honneur de saisir régulièrement l'Assemblée nationale de deux projets de loi, dont l'un assurait la restauration intérieure des musées, et l'autre proposait l'achèvement complet du Louvre.

Le premier de ces projets, sujet à beaucoup

moins de critiques que l'autre, et d'ailleurs impliquant une bien moindre dépense, put seul être voté par la Constituante, et mis en partie à exécution avant la retraite de cette patriotique assemblée. Il comprenait la décoration complète du grand salon carré, celle de la salle des sept cheminées, l'appropriation des salles de l'école française, et la restauration (équivalant presque à la reconstruction) de la galerie d'Apollon, œuvre si effrayante par sa difficulté que, depuis plus de trente ans, on avait toujours reculé devant une pareille entreprise. Tout le monde sait et admire chaque jour avec quel talent M. Duban, alors architecte du Louvre, s'est acquitté de cette tâche, aidé par M. Séchan, pour les raccords de la décoration, et par M. Eugène Delacroix, pour la grande peinture héroïque qui restait à compléter. Ainsi restaurée, la galerie d'Apollon est certainement aujourd'hui ce que Paris possède de plus parfait comme monument des splendeurs du grand siècle.

Quant à l'achèvement du Louvre, la question était plus complexe, et l'Assemblée constituante ne put la résoudre. Mais un projet de loi à peu près identique à celui dont elle avait été saisi fut porté à la Législative, dès l'ouverture de ses travaux, par les ordres du président de la république, à qui devait appartenir l'honneur, alors imprévu, de terminer l'entreprise comme empereur des Français.

L'inscription sur marbre noir placée au bas du pavillon de l'Horloge contient une inexactitude capable d'induire en erreur les archéologues qui, dans quelques milliers d'années, s'amuseront à explorer les ruines de Lutèce.

On y lit que, sous le règne de Napoléon III, le Louvre a été réuni aux Tuileries.

Rien n'est plus inexact.

Le Louvre, n'en déplaise à l'inscription, est réuni aux Tuileries depuis la construction de la grande galerie du bord de l'eau. Louis XVIII eût été bien surpris d'entendre émettre un doute à cet égard, lui qui, à tout le moins une fois l'an, se faisait pousser dans son fauteuil à roulettes depuis les appartements des Tuileries jusqu'à la grande salle du Louvre, pour y présider à l'ouverture des chambres.

Mais on a fait plus sous le régne actuel : on a complété, achevé le Louvre, colossale et dispendieuse entreprise terminée avec la plus étonnante promptitude. Les formes beaucoup plus expéditives du gouvernement actuel, et le chiffre sans précédents des crédits dont il disposait, expliquent seuls la magie de cette immense création.

Paris, la France, l'Europe en ont été abasourdis, et la grandeur de l'œuvre a fait éclater de toutes parts des cris d'admiration.

A part la promptitude d'exécution, c'est toujours, en effet, quelque chose de fort imposant que ces œuvres colossales où des montagnes de pierres s'alignent plus ou moins régulièrement. L'œil tout saisi au premier aspect de la chose, chacun s'écrie : « Dieu ! que c'est beau ! »

Cependant l'artiste, le juge compétent, l'homme de goût ou tout simplement l'homme de bon sens ne s'en tiennent pas là. Ils y regardent de plus près, et, le premier éblouissement passé, ils demandent au monument autre chose que sa masse et ne consentent à le déclarer chef-d'œuvre qu'au prix d'autres qualités.

La masse, en effet, est loin de constituer la grandeur. Comparez la Madeleine de Paris avec la Maison carrée de Nîmes! La Madeleine, médiocre copie de tous les temples antiques, n'a de grandeur que par la superficie qu'elle occupe et la hauteur de ses corniches, tandis que la Maison carrée, monument peu vaste, mais d'un art exquis, puise toute sa vraie grandeur dans l'admirable proportion de ses différentes parties.

Cette précieuse harmonie des proportions et de la forme, le Louvre la possède-t-il également? Voilà ce qu'il est temps d'examiner.

Ce grand oùvrage constitue-t-il une grande œuvre? y trouve-t-on les caractères d'une vaste et large conception? le style en est-il pur? les détails répondent-ils à toutes les exigences d'un goût sévère? enfin, les difficultés du programme ont-elles été heureusement, habilement résolues?

Pour bien s'en rendre compte, il est bon

de se rappeler d'abord en quoi consistaient ces difficultés.

Quatre corps de bâtiments principaux entourant une vaste cour carrée constituaient, avec quelques appendices, le Louvre proprement dit, qu'une immense galerie oblique réunit, sous un angle irrégulier, au palais des Tuileries. Celui-ci, fort exigu d'abord, puis allongé progressivement sur une ligne qui n'est rien moins que parallèle à la façade opposée du Louvre, forme le troisième côté d'un quadrilatère parfaitement irrégulier, qu'il s'agissait de clore complétement par des constructions nouvelles.

Le problème à résoudre était donc d'établir une symétrie suffisante à l'œil, là où le parallélisme absolu était impossible.

La superbe ligne qui, de l'arc de l'Étoile, et même du pont de Neuilly, s'en vient passer tout droit sous le pavillon central des Tuileries, n'étant pas en rapport avec celle qui passe sous les deux gros pavillons du Louvre, il fallait également dissimuler la brisure de cet axe, inventer quelque heureux artifice qui la rendît moins sensible à l'œil.

La difficulté était grande et demandait de grandes ressources chez l'heureux architecte à qui l'achèvement du Louvre allait être confié.

M. Visconti fut choisi. Il avait un projet tout prêt. Pour des gens pressés, c'était beaucoup.

Ce projet, depuis vingt ans, M. Visconti l'avait en portefeuille et l'offrait successivement à tous les gouvernements à la gloire desquels il eût aimé à associer la sienne. C'était ce qu'en terme d'atelier on appelle *un projet passe-partout*.

Était-il question de transférer au Louvre la bibliothèque de la rue Richelieu, M. Visconti présentait son projet comme le mieux approprié à cette destination.

Voulait-on loger au Louvre un ou deux ministères, le projet de M. Visconti s'y prêtait on ne peut mieux.

Voulait-on y placer des écuries ou des salles d'exposition, une caserne ou des bureaux, le projet de M. Visconti semblait également fait pour n'importe laquelle de ces destinations.

Or, comme on ne savait pas du tout, lorsqu'on a entrepris l'achèvement du Louvre, à quoi l'on pourrait employer les bâtiments nouveaux, nul projet ne pouvait évidemment mieux convenir que cette élastique conception de l'ingénieux architecte.

Dans de telles conditions, pouvait-on lui demander de donner à son œuvre un de ces caractères tranchés qui révèlent tout d'abord la destination d'un monument? — Non, évidemment. — C'est d'ailleurs, on le sait bien, la chose dont se préoccupent le moins la plupart des architectes de nos jours.

Tout au plus pouvait-on prétendre à l'ensemble de la forme. Or, cet ensemble existe.

La forme est-elle bonne? c'est une autre affaire; nous y reviendrons tout à l'heure. Mais d'abord occupons-nous du plan.

Comme tous ceux qu'on a proposés depuis le commencement du siècle, le plan de Visconti avait, avant tout, pour objet de compléter le quadrilatère, en prolongeant jusqu'au Louvre l'aile des Tuileries ayant façade sur la rue de Rivoli. Cela était élémentaire. Peut-être eût-on fait aussi bien de s'en tenir là. Le quadrilatère, il est vrai, était fort irrégulier ; mais l'immensité de l'espace qu'il renfermait en eût sans doute rendu l'irrégularité beaucoup moins apparente, et de larges plantations disposées avec art dans son enceinte eussent probablement suffi à dissimuler le manque de parallélisme des quatre corps de bâtiments.

Les plus habiles proposaient seulement de placer au centre du quadrilatère un monument assez élevé pour dissimuler la brisure de l'axe.

Visconti voulut mieux faire : il inventa deux ailes intérieures, destinées à rétrécir l'espace dans la partie voisine du Louvre et se rattachant aux deux galeries latérales par quatre corps de bâtiments en équerre, — le tout formant, outre le square central, quatre cours fermées d'inégale grandeur.

Ce fut une très-malheureuse invention.

D'abord, si l'on suppose le spectateur placé

au centre du vieux Louvre, son œil, conduit ainsi par deux lignes parallèles dans un espace relativement plus resserré, perçoit d'une façon bien plus choquante le manque de régularité de la place du Carrousel et la malheureuse brisure de l'axe des deux palais. On y a remédié un peu par la plantation de deux squares fort élégants; mais c'est insuffisant.

En outre, ces constructions intérieures ne laissent entre elles qu'un espace évidemment trop restreint pour y établir des cours suffisamment aérées. Le bon sens le disait : la superficie d'une cour doit toujours être proportionnée à la hauteur des bâtiments qui l'entourent, et (ce que messieurs les architectes semblent souvent oublier) à la latitude du pays où l'on construit.

L'inclinaison du soleil à Paris étant à peu près, en moyenne, de 42°, si la ligne partant de la crête d'un des bâtiments jusqu'au pied du corps de bâtiment opposé dépasse ce degré d'inclinaison, on en peut conclure que, pendant la moitié de l'année au moins, le soleil ne visitera jamais un seul des pavés de la cour ainsi close, et que celle-ci, par conséquent, se trouvera forcément humide, insalubre et mal éclairée.

C'est ce qui arrive pour les cours du Louvre, et particulièrement pour deux d'entre elles.

Une autre question qu'on traite beaucoup trop légèrement par le temps qui court, c'est celle des nivellements.

L'immense espace compris entre le Louvre et les Tuileries ne pouvait rester tout plat : l'écoulement des eaux exigeait une ou plusieurs pentes. Visconti trouva plus grandiose de n'en adopter qu'une seule. Mais qu'en résulta-t-il? C'est que, pour obtenir la pente indispensable à l'écoulement des eaux, il fallut progressivement abaisser le sol à partir des Tuileries, qui servaient de point de départ, et déchausser de plus de deux mètres les parties les plus éloignées des galeries latérales, ce qui devait nécessairement avoir pour résultat de modifier la forme d'un grand nombre d'ouvertures.

Les lois immuables de l'architecture et du goût établissent cependant une relation nécessaire entre la largeur et la hauteur d'une porte. C'est là un principe qu'on ne viole pas impunément, ainsi que chacun peut s'en apercevoir en contemplant le disgracieux allongement des guichets qui conduisent à la rue Richelieu, et de plusieurs autres.

Sur une même ligne, à peu de distance, et dans un monument qui a des prétentions à l'unité, rien ne pouvait être d'un plus mauvais effet que d'apercevoir simultanément des portes de toutes les hauteurs.

J'ai parlé des guichets donnant sur la rue Richelieu. Faut-il parler aussi du pavillon dit de Rohan qui les surmonte, et du pavillon de Lesdiguières qui lui fait face sur le quai?

Quelle singulière conception! Et que dire de ces chétifs avant-corps à frontons superposés, se terminant pyramidalement par une petite lanterne, véritable guérite de watchman, dont Quimper-Corentin ne voudrait pas pour son beffroi?

Quelques-unes des sculptures qui ornent ces frontons sont d'une exécution remarquable. Pourquoi faut-il qu'elles se perdent au milieu d'une si défectueuse ornementation !

La même observation peut s'appliquer à beaucoup d'autres parties du Louvre. Les sculptures qui les décorent sont généralement très-bien exécutées. Partout il y a du bon et du très-bon dans les détails. Mais ce sont les grands partis pris qui, presque partout, offrent une large prise à la critique.

Visconti était un homme de goût : il a fait de charmantes fontaines, de jolis petits monuments ; mais le souffle lui manquait, il était incapable de grandes conceptions.

Les bâtiments intérieurs du Louvre étaient la partie vraiment neuve de son travail. Il leur donna pour centre le gros pavillon de l'Horloge. Or, oubliant fort mal à propos que la façade occidentale de ce pavillon et des bâtiments dont il est flanqué étaient jadis une façade extérieure masquée par une foule de constructions particulières, et par conséquent négligée comme on néglige d'ordinaire ce qui ne doit pas être vu, Visconti, au lieu d'en enrichir l'ornementation désormais destinée au grand jour, n'imagina rien de mieux que d'y chercher le type, comme style et comme décoration, de ses constructions nouvelles. Sur toutes les faces de celles-ci, l'architecte du dix-neuvième siècle se plut à reproduire les grands murs tout unis de l'ancien palais et leurs larges surfaces planes, percées de rares fenêtres évidemment trop petites, à l'étage supérieur surtout.

Au rez-de-chaussée seulement, Visconti se permit d'innover. Là il établit, tout autour de ses constructions intérieures, une série d'élégantes et larges arcades, surmontées de terrasses. Il en résulte bien cet inconvénient que toute la légèreté est en bas du monument, dont la partie supérieure est fort lourde. Néanmoins l'idée avait du bon. Prises en elles-mêmes, ces arcades sont fort élégantes, et elles répondaient, en outre, à un besoin souvent exprimé par le public parisien. C'était une charmante promenade à couvert et un abri offert aux nombreux piétons que la traversée du Carrousel fait également frémir aux jours de pluie ou de grandes chaleurs.

Pourquoi donc enlève-t-on à ces arcades leur seule et véritable utilité en les fermant obstinément au public parisien? Pourquoi, depuis qu'elles sont construites, les a-t-on réservées exclusivement à l'usage des zouaves ou de messieurs les gendarmes de la garde, alternativement casernés dans le palais?

Les larges terrasses qui règnent au-dessus des arcades se rattachent assez bien aux gros pavillons dont l'architecte s'est montré prodigue. Mais elles étaient trop nues. Les grands murs froids qui les surmontent contrastaient tristement avec la riche ornementation de l'étage inférieur.

On y a mis, pour les égayer, une légion de grands hommes debout sur leurs piédestaux. Beaucoup de gens aiment cela. Pour moi, je trouve que, toutes proportions à part, cette rangée de poupées rappelle trop un tir au pistolet. J'aurais mieux aimé, au-dessus des arcades, de belles et larges vasques remplies de fleurs et de verdure.

Mais passons. C'est là une critique de détail à laquelle il serait futile d'attacher trop d'importance. Revenons-en aux traits caractéristiques du monument, aux gros pavillons, par exemple.

La forme en est généralement assez belle. Certaines parties en sont fort bien traitées. La plomberie, entre autres, est on ne saurait plus remarquable : c'est vraiment de l'art et du bel art décoratif. A travers de regrettables erreurs de goût, on trouverait aussi beaucoup à louer, là encore, dans la sculpture d'ornementation.

Mais l'architecte a-t-il bien calculé le nombre, la masse et la hauteur de tous ces pavillons nouveaux, auxquels il a donné une telle importance que l'ancien pavillon central du Louvre, auquel ils devaient servir d'accessoires, est complétement écrasé par eux?

Que dire à plus forte raison de leur choquante disproportion avec le pauvre petit arc de triomphe du Carrousel et avec les Tuileries elles-mêmes?

Le palais des souverains, en regard de ces constructions babyloniennes, a désormais l'air de n'être que l'aile des cuisines, le bâtiment des communs, relégué à distance du palais principal.

Ces masses écrasantes et accumulées choquent l'œil, de quelque côté qu'on les regarde.

Il y avait à faire quelque chose de grand; on a fait quelque chose de gros.

Cela revient-il au même? — J'en doute.

Aux yeux de certain public, un gros homme, je le sais, sera toujours un bel homme. Libre à ce public-là d'admirer sans restriction le Louvre. Mais j'ai bien peur que les gens de goût ne sanctionnent jamais son jugement.

L'ordonnateur souverain de l'achèvement du Louvre n'est pas satisfait, dit-on, du résultat de l'entreprise. — « Si je m'en croyais, je ferais tout recommencer, » s'écriait-il, un jour, à ce qu'on assure. — Je ne sais si le propos est vrai, mais ce qui est malheureusement certain, c'est que les erreurs de cette nature ne se réparent point. Il y a là trop de millions entassés pour qu'on puisse revenir sur le fait accompli.

IV

L'ÉCOLE FRANÇAISE

IV

L'ÉCOLE FRANÇAISE.

Ses caractères propres, persistant à travers toutes ses modifications successives. — Sa grandeur, sa décadence, sa réforme et sa régénération. — Son état présent et son avenir.

En fait d'art, comme en toute matière, la mode fait trop souvent prévaloir ses caprices. Telle école est en vogue aujourd'hui ; demain ce sera telle autre. Il fut un temps, par exemple, où les collectionneurs ne faisaient pas grande attention aux tableaux flamands. Aujourd'hui on les paye au poids de l'or, tandis que les chefs-d'œuvre les plus authentiques des maîtres italiens ont souvent de la peine à se placer à un prix décent. Il est vrai qu'à nos petites prétentions actuelles, les grandes pages faites jadis pour orner les palais de marbre ou les somptueuses basiliques de l'Italie conviennent moins bien que toutes ces délicieuses petites peintures, primitivement destinées à l'opulente mais bourgeoise demeure de quelque bourgmestre.

Un revirement semblable dans le goût et dans la mode a eu lieu relativement aux œuvres de l'école française. Trop dépréciées au commencement de ce siècle, traitées avec un injuste dédain par les coryphées officiels de feu l'école classique, elles sont redevenues aujourd'hui l'objet d'un véritable engouement. Boucher, Watteau et Lancret ont ressaisi le sceptre de la mode, comme au bon temps de Mme de Pompadour, et notre génération en crinoline s'est sentie reprise du plus tendre amour pour les bergères en paniers.

Il y a évidemment une exagération ridicule dans ces préférences de la mode, qui portent en général sur les œuvres les plus médiocres d'une école; mais il n'y avait pas moins d'exagération dans les dédains auxquels ils succèdent.

L'école française a eu, à toutes les époques, des gloires sérieuses qui lui assurent une place des plus honorables à côté des meilleures écoles étrangères. Elle a eu dans le passé et doit, si elle veut vivre, conserver à jamais dans l'avenir, des qualités propres par où elle se montre au moins égale à toute autre. Ces qualités, peut-être est-ce à sa maturité relativement tardive qu'on doit en grande partie les attribuer. La France, en effet, a bien eu quelques bons peintres dès le seizième siècle, peut-être même dès la fin du quinzième. Mais ce n'est guère, à vrai dire, qu'au dix-septième siècle qu'elle se révèle dans le monde des arts avec une phalange d'artistes assez éminents et assez nombreux pour constituer ce qu'on peut appeler une école; — c'est-à-dire que l'école française commence à se manifester alors seulement qu'arrivent à leur déclin les illustres écoles de l'Italie.

Les gloires les plus brillantes ne sont pas toujours les plus durables. Ainsi l'école italienne, grande par excellence parce qu'elle a su, en son bon temps, pousser plus loin qu'aucune autre le sentiment du beau idéal, la noblesse, l'ampleur, le pittoresque et l'harmonie, l'école italienne perd déjà, au dix-septième siècle, sa sublime simplicité, puis tombe successivement dans la bouffissure, dans l'exagération théâtrale, dans le charlatanisme et le métier, pour s'éteindre peu à peu dans une nullité complète.

L'école hollandaise, l'école flamande, incomparables dans l'art du clair obscur, inimitables dispensatrices de cette lumière dont la nature fut si avare pour leurs pays, trop amoureuses peut-être des misérables réalités de la vie humaine, mais si merveilleusement habiles à les revêtir d'un séduisant vernis, tombent à leur tour de la vérité dans la minutie, de la vie familière dans la trivialité, et s'éteignent à la fin presque aussi complétement que l'école italienne.

Douée de moins de grandeur, de moins d'inspiration, d'un sentiment moins voisin du sublime que les grands maîtres de l'Italie, de moins de finesse et de pittoresque bonhomie que ceux des Pays-Bas, l'école française se recommande, quant à elle, par d'autres et plus durables qualités, par l'intelligence, par l'esprit, par la clarté de ses compositions.

Elle aussi a ses faiblesses : complaisante et même parfois servile, tour à tour elle se montre pompeuse et porte perruque sous Louis XIV; elle tombe dans l'afféterie, met du fard sous la régence, des mouches sous Louis XV et de la poudre sous Louis XVI. Mais l'intelligence lui reste, et la preuve en est qu'elle se transforme, se régénère et reste toujours jeune au milieu de la décadence de toutes les autres écoles. L'art de Lesueur n'est pas celui de Lebrun, ni celui de Jouvenet, ni celui de David, ni celui de M. Ingres. Mais, si différentes que soient les tendances et les formes extérieures, partout on retrouve une forte somme de qualités communes. Nul art n'est plus logique ; nulle école n'a poussé plus loin l'étude et l'intelligence des grandes compositions. La clarté enfin semble être le cachet propre de l'art comme de la prose française.

Voyez au Louvre cette grande toile du banquet mystique de Subleyras, où la Madeleine essuie avec ses cheveux les pieds du Christ. C'est moins bien peint sans doute que les tableaux analogues du Véronèse; évidemment cela sent moins le maître; mais, dût-on trouver mon assertion hardie, je n'hésite pas à dire que c'est aussi bien composé, et peut-être même plus sagement. Là, point de ces négrillons en costume du temps, point de ces perroquets, de ces épagneuls que la fantaisie italienne jette si hardiment au milieu des plus graves compositions. C'est plus froid, c'est moins inspiré; mais tout est logique, tout est correct, tout a sa raison d'être.

Et pourtant qu'est-ce que Subleyras? A peine un maître de deuxième ou troisième ordre.

Ne parlons point de Poussin, le plus grand peut-être, si ce n'est le plus sympathique des peintres français. On me dirait qu'il s'était presque naturalisé romain, lui pourtant dont l'un des plus grands mérites est d'avoir su rester si français au milieu de toutes les séductions de l'école italienne.

Ne parlons point du Lorrain Claude Gelée, cet immortel peintre de la lumière, dont le génie eut également besoin, pour s'inspirer, d'un soleil plus chaud que celui de sa patrie.

Mais voyez tous les autres! Voyez par exemple Eustache Lesueur! Quel peintre produisit jamais plus d'impression avec moins de ressources! Chez lui, ce n'est pas certes le prestige de la couleur qui séduit, ce n'est aucun artifice de composition; ce n'est point la fougue qui entraîne, ni la hardiesse qui impose. Tous ses tableaux sont peints en pleine lumière. Nul artiste n'a jamais été plus simple dans son exécution. Mais c'est précisément dans cette chaste simplicité, dans la clarté de la composition, dans la pureté du sentiment religieux dont elle est empreinte, que consiste la véritable grandeur de Lesueur.

Maintenant voici Lebrun. Rien ne se ressemble moins. Tout est pompe et emphase chez le peintre officiel de Louis XIV. Au premier aspect, Lebrun semble n'avoir rien de commun avec Lesueur. C'est le culte des grandeurs humaines mis en regard avec le culte des humilités de la vie monastique. Autre pensée, autre procédé pour la rendre ; mais regardez-y de plus près, et, chez l'un comme chez l'autre, vous trouverez toujours la même clarté. Dans ces immenses batailles, tout concourt à l'action, chaque détail se rattache logiquement au fait principal ; tout marche et s'enchaîne clairement.

Au dix-huitième siècle, l'école française a eu ses défaillances ; je l'ai déjà reconnu. Si quelques artistes de courage, comme l'honnête Jouvenet, gardent les bonnes traditions et luttent encore pour l'art sérieux, il n'en est pas de même des artistes de cour. Rattaché au sort de la monarchie par le lien de ses toutes puissantes faveurs, l'art décline avec elle et prend sa part de l'élégante dépravation au milieu de laquelle il vit.

Plus de sens moral ! plus de grandes et nobles conceptions ! L'esprit usurpe la place de l'âme, et, dans les prédilections de la mode, la peinture de boudoirs prend effrontément le pas sur la grande peinture historique ou religieuse ; Watteau, Boucher, Lancret substituent les fausses élégances d'un monde de convention aux classiques beautés, devenues trop vieilles sans doute et depuis trop longtemps rebattues pour convenir encore à cette société corrompue et blasée.

Boucher, Watteau, Lancret lui-même, n'étaient pourtant point des peintres sans mérite ; il serait injuste de le méconnaître. Si leur grâce était entachée d'afféterie, du moins était-elle pleine de distinction. L'harmonie de convention de leurs tableaux n'en était pas moins de l'harmonie. Ils étaient vifs, spirituels ; et enfin, s'ils avaient répudié la plupart des qualités sérieuses de leurs devanciers, toujours cependant retrouve-t-on dans leurs œuvres cette même intelligence, cette même clarté dans la composition d'un tableau.

D'ailleurs, la contagion n'était pas universelle. On ne peut pas dire qu'une école soit en pleine décadence lorsqu'elle compte encore, en divers genres, des peintres comme Chardin, comme Greuze, comme Joseph Vernet. Et puis enfin, il est un genre spécial où notre école a toujours su conserver sa supériorité : — Le portrait, de tout temps cultivé en France avec tant de succès, précisément parce que l'esprit, la grâce et l'intelligente observation sont au nombre des meilleures qualités de nos peintres, le portrait, illustré sous Louis XIII par Philippe de Champagne, sous Louis XIV par Mignard, Rigaud et Largillière, est représenté encore par d'éminents artistes aux jours les plus mauvais de la décadence. A travers tous les égarements de la mode, on admire les toiles si vivantes de Nattier, de Vanloo; et les incomparables pastels de Latour semblent triompher encore du mauvais goût de son époque.

La décadence de l'art n'est, du reste, qu'une crise passagère. Les réformateurs se montrent déjà. David, le terrible David, va bientôt venir, qui, de sa main impitoyable, rasera toutes ces bergeries, déracinera tous ces bosquets, effeuillera brutalement toutes ces roses, pour élever sur leurs débris un temple à l'art classique. Comme tous les réformateurs, David tombe dans la sécheresse, tue l'imagination et comprime les plus suaves émanations de l'âme. Mais, il faut bien le reconnaître, il régénère l'art en rendant à celui-ci les forces viriles qu'il avait complétement perdues. Il le ramène aux fortes études, et si, dans sa superstitieuse recherche de l'austère beauté, il méconnaît à son tour la nature, presque autant que ceux qui jadis la fardaient si étrangement, David, profond du reste dans la connaissance des règles de son art, remet plus que jamais en valeur les grands principes de composition qui ont toujours fait la gloire de l'art français.

Malheureusement, le despotisme, en fait d'art comme en fait de gouvernement, est frappé de stérilité par son principe même.

Voyez notre école au temps de l'Empire : Gérard, Girodet sont des peintres de talent, mais sans aucune originalité. Prudhon, qui en avait davantage, lutte vainement contre la sécheresse du style alors en faveur, et la fougue même de Gros s'épuise dans le cercle étroit où l'enserre le pédantisme de l'école classique. David règne toujours.

Pourtant, à l'ombre de sa suprématie germent les éléments d'une complète régénération. David ne laisse point d'élèves dont le nom mérite d'être cité; mais, le jour où son astre décline, voilà que surgit tout à coup une pléïade de jeunes artistes dont le génie indépendant doit assurer une gloire nouvelle à l'école française. Tout le monde les connaît : ils vivent aujourd'hui ou bien ils vivaient hier; ce sont, dans la grande peinture, Géricault, Ingres, Ary Scheffer, Horace Vernet, Delaroche, Delacroix, et puis après eux, dans d'autres genres moins héroïques, Decamps, Marilhat, Bracassat, Saint-Jean, Robert Fleury et bien d'autres que j'omets. En eux, l'école française régénérée trouve une séve qu'elle n'avait jamais eue.

Une vie ardente circule dans ses veines. Mais, en cherchant des voies nouvelles, peut-être perd-elle un peu de cette unité de caractères que nous révèle son histoire.

Ainsi, tandis que M. Ingres, amant du passé aussi austère, mais plus intelligent que David, rapporte de Rome le culte un peu païen de la forme avant tout, Ary Scheffer, au contraire, importe chez nous, en les nationalisant il est vrai, les poétiques rêveries de l'Allemagne; et, de leur côté, Decamps, Marilhat vont emprunter à l'Orient le prestige de sa couleur.

D'autres cependant restent exclusivement fidèles au génie et à la tradition de l'école française.

Ainsi Géricault, avec plus de fougue, descend en ligne directe du Poussin.

Ainsi Horace Vernet, le prosaïque mais fidèle historiographe de nos gloires, devient le peintre populaire par excellence, précisément parce que, toujours vrai, toujours clair, il sait mieux qu'aucun autre se faire comprendre de tous dans ses plus vastes compositions.

A côté de lui, Delaroche, froid, mais spirituel et correct, arrive, par des qualités presque analogues, à l'apogée de la célébrité bourgeoise.

Quant à M. Delacroix, le plus vraiment original, mais aussi le plus excentrique des peintres de cette pléiade, doué de qualités supérieures, mais inégal et souvent incorrect, à lui seul il forme une école et provoque tout à la fois l'enthousiasme le plus ardent ou la plus rude controverse, en heurtant sans cesse volontairement ce que les uns tiennent pour des règles, les autres pour des préjugés.

C'étaient là des gloires sérieuses pour notre école. Mais le temps marche, et, de ce groupe d'artistes éminents, les uns ont déjà disparu et les autres vieillissent.

Qu'en restera-t-il? quelle aura été leur influence sur la génération qui s'élève?

Moins grande peut-être qu'il n'était permis de l'espérer.

Serait-il juste de leur en faire un reproche? Je ne le crois pas.

Tout homme de talent peut enseigner, sans doute; mais il n'est pas donné à tous de faire école, et cela, même toute considération de talent à part. On peut en effet transmettre son savoir, ses procédés, sa méthode; mais on ne peut pas donner son âme, son esprit, ni son cœur. Voilà ce qui explique pourquoi certains maîtres forment d'habiles élèves, tandis que d'autres ne laissent personne après eux.

M. Ingres a l'honneur insigne d'avoir des disciples, et il lui est permis d'en être fier, lorsqu'il voit parmi eux figurer des hommes de la valeur de M. Flandrin. Delaroche a fait aussi de bons élèves. Scheffer, Delacroix n'ont que des imitateurs sans valeur personnelle. Ary Scheffer, le prêtre par excellence de l'âme et de la pensée, a pu léguer à ses élèves sa palette et ses pinceaux ; mais son âme s'est envolée avec lui ; et, quant à M. Delacroix, le plus spirituel peut-être des artistes de notre temps, il est le premier à dire à ses élèves : « Surtout, gardez-vous bien de m'imiter ! »

C'est qu'en effet le côté facile du talent, son incorrection même, sont bien souvent ce que les jeunes artistes sont tentés d'imiter d'abord. L'excentricité fait retourner la foule, et, dans un succès d'étonnement ou de scandale, trop de gens entrevoient le chemin facile de la renommée.

M. Delacroix, par ses brillantes excentricités, a servi de prétexte à presque autant de mauvais tableaux que Shakspeare à de mauvais drames. Et de même, à la suite de M. Paul Huet, de M. Rousseau, paysagistes éminemment pittoresques, mais souvent incorrects, à la suite de M. Diaz, coloriste charmant, mais incapable de produire autre chose que de séduisantes ébauches, avons-nous vu se développer dans notre jeune école une effrayante tendance au laisser aller; — comme si quelques qualités brillantes, le sentiment du pittoresque, une certaine entente de l'harmonie et du jeu de la lumière pouvaient tenir lieu de l'étude sérieuse de la nature, de la recherche du beau, du vrai, et de toutes les qualités techniques qui constituent le véritable peintre!

Heureusement pour le salut de l'école contemporaine, d'autres talents plus sérieux ont déjà pris place parmi les maîtres. Comme peintre religieux, M. Flandrin; comme peintre de genre, M. Meissonnier; comme peintre d'animaux, Mlle Rosa Bonheur, tiennent haut et ferme leur bannière. En eux, point de charlatanisme, point d'excentricité, point de débauche de talent. Je ne sais si la postérité reconnaîtra jamais à aucun d'eux le don si rare du génie; mais tous trois certainement savent leur *métier* au suprême degré, et si je les ai nommés de préférence à d'autres, c'est que nuls peut-être ne personnifient mieux — la pureté, la chasteté du sentiment religieux, — l'esprit d'observation joint aux qualités d'exécution les plus rares, — l'étude intelligente de la nature et sa reproduction la plus largement conçue.

Je ne voudrais pourtant pas résumer dans ces trois noms seulement toutes les gloires actuelles, toutes les espérances de l'art français. Les Gérome, les Müller, les Heim, les Coignet, les Yvon, les Couture, les Rousseau, les Troyon et bien d'autres encore qu'il serait trop long de citer, n'ont pas moins de droits à figurer parmi les dignes représentants de notre art contemporain. Chacun d'eux a sa part de mérite personnel ; mais ce que je remarque avec joie, c'est la tendance commune et pour ainsi dire instinctive qui les ramène tous plus ou moins aux qualités spéciales de l'école française : — profonde intelligence du sujet, sagesse logique de la composition. — Leur peinture se lit à livre ouvert. Ce n'est pas seulement aux yeux qu'elle parle, mais c'est aussi à l'intelligence. Le seul reproche à lui adresser peut-être est de nous laisser un peu froids. La génération qui s'éteint avait plus de fougue, plus d'âme, plus de cœur. Celle qui s'élève se montre intelligente et sérieuse. Elle se prépare, se fortifie par l'étude. Que les nobles émotions de l'âme achèvent de donner la vie à ses œuvres, et l'école française sera, plus que jamais, dans la voie où se rencontrent les gloires durables.

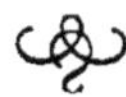

V

DE QUELQUES FACHEUSES TENDANCES DE L'ART CONTEMPORAIN

V

DE QUELQUES FACHEUSES TENDANCES DE L'ART CONTEMPORAIN.

Des dons naturels. — Avantages et dangers de la facilité. — L'école de l'à peu près. — Excentriques, réalistes et plagiaires.

« On devient cuisinier, mais on naît rôtisseur, » a dit Brillat-Savarin, le plus spirituel des gourmands de notre époque.

Si Brillat-Savarin avait appliqué son goût exquis à l'étude des beaux-arts, il n'aurait eu que deux mots à changer à cet aphorisme. « On devient dessinateur, mais on naît coloriste, » aurait-il pu dire avec autant de justesse.

Le fait est qu'en matière d'art, certaines qualités s'acquièrent, tandis que d'autres semblent être des dons naturels auxquels l'étude chercherait vainement à suppléer.

Cela ne veut pas dire assurément que ceux qui ont le bonheur d'apporter en naissant de pareils dons soient dispensés par cela même de toute espèce de travail.

Toutefois, et comme si la Providence avait voulu maintenir une juste balance entre tous ses enfants, il est à remarquer que les natures le plus heureusement douées sont souvent disposées à la paresse, au paradoxe ou au facile contentement de soi-même, trois ennemis mortels de toute perfection.

Cela se voit dans le monde, cela se voit dans la littérature et cela se voit dans les arts.

Le monde est infesté de gens qui ont ce qu'on appelle de l'*esprit naturel*, mais qui, avec cela, n'ont jamais pu être bons à rien.

L'esprit naturel,... c'est lui qui a inventé l'argot de la bohème et l'a naturalisé dans la littérature facile. Futile quand il n'est pas dévergondé, il peut bien faire rire un instant, briller d'un éclat éphémère; mais, s'il n'est pas nourri par de sérieuses études, ses œuvres restent toujours vaines : elles ne parlent ni au cœur ni à l'intelligence; ce sont des fleurs passagères qui jamais ne se convertissent en fruits durables.

C'est, en un mot, l'éternelle histoire du pommier, qu'il faut greffer et cultiver si l'on veut avoir de bons fruits.

De même dans les arts.

Vous admirez la fougue de tel peintre, sa promptitude de main, l'éclat, le prestige de sa couleur, et vous avez bien raison. Ce sont là d'inestimables dons de la nature. Vous les appréciez parce qu'ils vous sautent aux yeux. Mais, pour être moins apparente, faut-il donc admirer moins la science profonde que l'artiste a mise dans ses œuvres, l'étude par laquelle il s'y est préparé?

Oui, sans doute, la facilité est une belle chose; mais il en faut bien d'autres vraiment pour constituer un grand artiste ou un grand littérateur.

Bon nombre d'auteurs dramatiques ont eu autant de facilité que Molière, quelques-uns peut-être autant d'esprit naturel ; pour l'égaler, il ne leur a manqué, hélas ! que la merveilleuse étude par lui faite du cœur humain et la science profonde qu'il en avait tirée.

De même, pour peindre comme Rubens, il ne suffit pas d'apporter en naissant les heureux dons que la nature accorda au peintre d'Anvers ; il faut savoir ce qu'il savait.

Ne remontons même pas si haut, prenons nos exemples parmi les contemporains. Si l'un d'eux représente la facilité, c'est à coup sûr M. Horace Vernet. — Beaucoup de gens voudraient ne lui reconnaître que cette qualité-là. — Personne effectivement n'a plutôt fait que lui d'improviser une grande toile de vingt-cinq pieds, d'y répandre la vie et le mouvement. — Eh bien ! voyez ce que nous donnent jusqu'à présent ceux qui marchent dans sa voie. Prenez la petite monnaie de son école, faites appel à tous les talents faciles de la nouvelle génération, mettez-les à la besogne, et voyez si vous retrouverez dans leurs œuvres cette vie, cet entrain, cette vérité prosaïque peut-être mais bien vraie qui ont valu à Vernet sa longue popularité.

Pourquoi ses jeunes émules ne font-ils pas aussi bien que lui? Il y a donc là quelque chose d'autre que de la facilité.

Voulez-vous prendre à son tour pour exemple un peintre moins populaire dans la foule, mais placé bien plus haut dans l'estime de la plupart des gens qui se donnent pour connaisseurs, M. Eugène Delacroix?

Celui-là, en général, on ne l'aime ni on ne le déteste à demi : il n'a que des fanatiques ou des détracteurs.

M. Delacroix, il faut le regretter et l'en blâmer tout à la fois, heurte et choque continuellement le goût du public par d'incroyables invraisemblances de dessin. Mais quelle verve! quel esprit! quelle couleur!

Dons naturels! dit un chacun.

Oui, je le reconnais, cette couleur ce n'est à l'école d'aucun maître que peut l'apprendre celui qui n'en a pas le sentiment natif; cet esprit, ce n'est pas d'un professeur que M. Delacroix a pu le recevoir. Eh bien! allez lui demander à lui-même ce qu'il en pense! Mieux que personne, il vous dira ce que serait devenu son talent s'il n'avait eu que ses dons naturels en partage. Allez, amateurs exclusifs de la facilité, allez vous mettre à son école! Je suis tranquille, il vous aura bientôt rebutés ou convertis par l'austérité toute classique de son enseignement.

Ary Scheffer, lui aussi, avait de la facilité; elle lui valut, tout jeune, les plus brillants succès; mais il n'était pas homme à s'enivrer de cette menue gloire : elle lui fit seulement comprendre ce qu'il valait. Alors il se mit sérieusement au travail, et il devint un grand peintre.

A peu d'exceptions près, les derniers rejetons de notre jeune école sont loin de l'entendre ainsi. Il semble que, pour eux, les dons naturels soient tout et que l'étude sérieuse répugne à leur indolence. N'allez pas leur parler d'une école sévère et consciencieuse comme celles de

M. Ingres, de M. Flandrin ; n'allez pas surtout leur parler du regrettable Paul Delaroche, l'un des meilleurs professeurs qui fût jamais. Quiconque polit son œuvre est, à leurs yeux, un génie étroit. Leur puissant génie, à eux, ne se manifeste que par de simples ébauches. C'est infiniment plus poétique.... et surtout plus commode.

Ceux-là constituent ce qu'on pourrait appeler à bon droit l'*école de l'à peu près*.

Leur phalange, beaucoup trop nombreuse, se compose de trois catégories assez distinctes : les *excentriques*, les *réalistes* et les *plagiaires*.

Les *excentriques*, en général (ne pas confondre avec les peintres vraiment originaux), sont des orgueilleux qui, ne pouvant arriver à la hauteur des maîtres, prennent le parti de faire tout différemment, puis érigent en principes les difformités de leur manière.

Cela n'est pas si mal calculé : dans une pareille voie, messieurs les excentriques n'ont pas à redouter la concurrence du vrai talent.

Le ciel est bleu en général : faites-le jaune

ou rouge ; — les feuilles des arbres sont habituellement vertes en été : faites les grises ou violettes ; — et il ne manquera pas de se trouver là un certain nombre de prétentieux béotiens pour admirer votre puissante originalité, et vous aurez conquis votre place parmi les plus illustres excentriques.

Ce n'est pas plus malin que cela.

Il y a cependant des excentriques sincères et même naïfs. C'est, par exemple, j'en suis convaincu, de la meilleure fois du monde que M. Corot voit la nature à travers des lunettes grises, qui, tout en lui laissant un sentiment exquis de la lumière, une remarquable entente de la composition, le privent des autres qualités du paysagiste.

Mais je ne puis prendre également au sérieux M. Chintreuil, lorsqu'il décore pompeusement du nom de paysages ses champs de citrouilles et ses rangées de manches à balais perdus dans le brouillard. Ce n'est pas là de la peinture.

J'aime mieux, je l'avoue, l'excès par où pèchent M. Rousseau et ceux de son école.

Hélas ! ils ne peignent que trop, ceux-là ! Si les tableaux se payaient au poids de la couleur, les leurs seraient d'un bien grand prix. Mais, pour Dieu, lorsqu'on possède tant d'admirables ressources accumulées sur sa palette, ne peut-on pas en diriger l'emploi avec un peu plus de discernement et de sobriété ?

Le Lorrain, Ruysdaël, Turner étaient de grands coloristes. Eh bien! la puissance des tons a-t-elle jamais nui chez eux à la délicatesse de la touche, à la finesse du pinceau? Ont-ils jamais cru nécessaire d'emprunter la truelle du maçon pour crépir leurs toiles?

Ébaucher est charmant, mais à la condition que l'on peindra ensuite.

Peignez-donc, messieurs, si vous voulez sérieusement être pris pour des peintres. Vous, monsieur Diaz, par exemple, vous qui enchantez tout le monde par vos pochades si brillantes et si variées, vous dont l'inépuisable palette prodigue indifféremment ses trésors aux fruits, aux fleurs, aux nymphes des bois ou aux bois eux-mêmes, quand donc voudrez-vous bien nous faire un vrai tableau, si c'est un effet de votre bonté.... et de votre talent? Car jusqu'ici, je dois bien vous l'avouer, malgré tout le prestige de votre couleur, je ne suis guère plus avancé lorsque je regarde vos œuvres que si je regardais le bout de mon doigt à travers un prisme. Je vois du bleu, du rouge, du jaune, du vert et du violet admirablement harmonisés, des flots de lumière se jouant à travers tout cela; mais les objets nagent dans un vague tel que je cherche vraiment des pétales à vos fleurs, un feuillage quelconque à vos arbres, un corps sous vos draperies, de la chair et des os sous la peau satinée de vos nymphes. Quel dommage qu'il y manque tout cela, et que vous n'ayez jamais pu ou voulu convertir en tableaux de si charmantes ébauches!

On ne pourrait cependant se montrer bien sévère pour l'*école de l'à peu près*, si elle n'avait que de charmants enfants gâtés comme M. Diaz. Mais combien d'autres aujourd'hui s'imaginent avoir fait un tableau, uniquement parce qu'ils ont eu la bonne chance de rencontrer *un effet!* Ils ne savent pas peindre, peu leur importe!

Vraiment, c'est faire de l'art à bon marché.

Suffit-il donc pour être poëte de rencontrer un jour une idée poétique? et ne faut-il pas encore que le poëte sache faire des vers?

Le métier seul est certainement bien peu de chose; pourtant l'on ne peut rien faire sans lui. De grâce, apprenez le vôtre, messieurs les sectateurs de l'*à peu près!*

Quant aux *réalistes*, eux, ce n'est pas l'imagination qui les tue. La stérilité érigée en dogme, voilà le fond de leur affaire. — Incapables de rien inventer, ils se cramponnent, en copistes serviles, aux plus mesquines réalités de la nature; — incapables de rien animer du moindre souffle créateur, ils ne nous donnent même de ces réalités que la lettre morte; — incapables de rien idéaliser, ils en viennent enfin à ne demander à la nature que ce qu'elle a de plus platement laid.... et ils appellent cela le *réalisme*, comme si, dans les véritables œuvres de Dieu, la pensée ne trouvait pas toujours sa place à travers les brutales réalités de la matière.

Raphaël peignait des vierges, Titien des martyrs, Véronèse des demi-dieux, Corrége des nymphes, Rubens, Van Dyck des reines et des princes, Rembrandt des bourguemestres en conseil, Poussin reproduisait les saintes Écritures, Van der Meulen ou Vernet les gloires de la France, Scheffer ou M. Ingres la pensée des poëtes. —Chacun son goût. —Les maîtres de l'école réaliste préfèrent nous montrer *un casseur de pierres sur le bord d'une route.*

Nul sujet, dira-t-on, n'est impossible à traiter. Dans ce casseur de pierres, l'artiste n'a-t-il pas voulu personnifier le pauvre prolétaire accablé sous le poids de son labeur journalier, poursuivant machinalement jusqu'au soir sa tâche pénible et abrutissante, tandis que sa pensée s'élève vaguement vers d'autres sphères?

Hélas! les misères du pauvre ont bien aussi leur poésie!

Mais non, le vrai réaliste ne connaît d'autres réalités que celles de la matière. Son casseur de pierres est tout simplement une brute qui casse des cailloux. La lumière du tableau n'indique ni matin ni soir; le site est laid comme tout le reste : — voilà ce qui en fait le beau.

C'est un système que cela. Si M. Courbet s'en est départi quelquefois, juste assez pour prouver qu'il pourrait faire mieux, toujours il y revient avec acharnement. Le malheur est qu'à ce jeu-là on perd son talent; que, de paradoxe en paradoxe, on en arrive à faire, comme M. Courbet dernièrement, un cheval de bois traversant une forêt de carton, ou toute autre œuvre qui vous déclasse dans l'opinion des hommes sérieux. Ce n'est pas en vain qu'on foule aux pieds les lois du goût, du bon sens, et qu'on se drape ainsi dans une brutale excentricité.

Il n'y a, j'en conviens, ni la même exagération ni le même dédain de l'opinion publique chez la plupart des réalistes à la suite dont les dernières expositions nous ont révélé l'existence. Quelques-uns d'entre eux (je n'en citerai qu'un seul, M. Breton) sont même des hommes d'un véritable talent. Mais si ce talent existe, pourquoi en enchaîner ainsi l'essor et le maintenir par système dans le terre à terre du plus froid matérialisme? s'il n'y a pas stérilité native, pourquoi s'en donner les apparences?

L'art systématique ne va pas loin en général. Et pourtant il vaut encore mieux inscrire un système qu'une individualité sur son drapeau. La pire espèce est celle des imitateurs serviles, des *plagiaires*, comme je me suis permis de les appeler plus haut.

Pour ceux-là, l'unique essence de leur talent est la souplesse; ils se plient à tout, et particulièrement aux caprices de la mode ou aux exigences des marchands de tableaux.

En 1805, ils faisaient des Grecs et des Romains à l'instar de David; en 1829, des Hamlet à l'instar de Delacroix. Nous avons vu des fabriques de faux Scheffer, de faux Decamps; nous voyons fabriquer aujourd'hui des pseudo-Diaz et des pseudo-Meissonnier.

Je ne connais qu'une excuse à ces misères, c'est que cela se vend. Mais, au point de vue de l'art, je proteste. Mieux vaut cent fois la simple copie d'un bon tableau qu'une imitation, si habile qu'elle puisse être. Pas de faux en peinture de commerce ! Soyez mauvais, messieurs, mais du moins soyez vous-mêmes !

Dans cet anathème, je ne comprends pas, bien entendu, toutes les œuvres nouvelles qui procèdent directement d'un système déjà illustré par quelque maître. M. Flandrin, parce qu'on reconnaît en lui les traditions de l'école de M. Ingres, n'en est pas moins une des gloires de notre jeune école ; et, lorsque le frère de Mlle Rosa Bonheur peint des animaux avec un talent qui rappelle parfois le talent de sa sœur, ce n'est point du plagiat, c'est de la parenté.

Je ne m'en prends qu'à ceux qui font spéculation ou tout au moins métier du pastiche. Ceux-là, je les signale comme une plaie de plus à ajouter au charlatanisme des excentriques, à l'orgueilleuse stérilité des réalistes.

Tous ces travers ou ces vices, qui menacent d'infester l'école actuelle, la critique doit les combattre incessamment et sans pitié, non point dans les individualités qui les personnifient, mais dans les tendances qu'elles révèlent et dans les faux principes dont elles émanent.

VI

MONUMENTS D'ART

VI

MONUMENTS D'ART.

Arcs de triomphe. — Colonnes. — Statues. — Conditions de lieux, proportions et costumes des figures à reproduire. — Pauvreté de Paris en fait de monuments purement commémoratifs.

Les monuments d'*art pur* sont presque partout en petit nombre. Généralement, en effet, les villes ou les États qui élèvent à grands frais des monuments publics cherchent à leur donner quelque application utile, quitte à faire ensuite à l'art une part très-large dans leur décoration. C'est ce qui arrive, par exemple, pour les palais, les théâtres, les fontaines, voire même quelquefois pour les casernes et les gares de chemins de fer.

De tous les monuments publics, les seuls donc auxquels on ne puisse attribuer aucune utilité pratique, sont les arcs de triomphe, les colonnes et les statues élevées à la mémoire des souverains *ou* des grands hommes.

Autrefois même, les arcs de triomphe étaient le plus souvent des portes de ville. Mais il n'en est plus ainsi aujourd'hui. La porte Saint-Denis et la porte Saint-Martin, primitivement érigées à l'alignement des vieux remparts de Paris, ne sont désormais que de nobles ornements pour les boulevards intérieurs, et les fiacres, les omnibus passent aujourd'hui sous leur arc triomphal sans songer, j'en ai bien peur, à la gloire ni même à l'orgueil du grand roi.

Paris possédait deux autres monuments du même genre, quoique moins beaux, la porte Saint-Bernard et la porte Saint-Antoine, qui ont disparu depuis longtemps. Mais, par contre, le commencement de ce siècle a vu s'élever deux arcs de triomphe, dont l'un passe à bon droit pour être sans égal dans le monde : sans égal par la position qu'il occupe ; — sans égal par ses dimensions ; — sans égal surtout par l'interminable liste de victoires et de héros que la baïonnette de nos soldats s'est chargée d'y inscrire.

Ce pauvre arc de triomphe ! — on vient vraiment de lui jouer un bien mauvais tour en rasant tous les grands arbres qui décoraient sa base, en déchaussant tous ses abords pour y élever en contre-bas une série d'hôtels que nous ne verrons peut-être jamais finir. Mais que dire surtout de la bizarre fantaisie qu'on a eue de briser l'axe de cette incomparable avenue de deux lieues de long qui relie Courbevoie au Louvre ? — de faire dévier maladroitement à gauche l'avenue de l'Impératrice, qu'on eût pu tout aussi bien établir dans la direction de Neuilly ?

Beau résultat ! L'arc de triomphe se trouve aujourd'hui sur le côté de la voie d'honneur, et se présente par un de ses angles aux regards de l'arrivant.

Qui sait ? Peut-être, un de ces jours, aura-t-on l'ingénieuse idée de le faire pivoter sur lui-même pour obvier à cet inconvénient.

En attendant, et malgré tous les prétendus embellissements en voie d'exécution, l'arc de l'Étoile est encore une des gloires monumentales les plus incontestables de Paris.

A peine ose-t-on parler ensuite de l'arc de triomphe du Carrousel. Celui-là est si petit, que trois factionnaires et deux sergents de ville sont toujours à rôder à l'entour, probablement de peur qu'on ne le vole. On l'a trop déprécié cependant ; il n'est pas sans mérite. Une fois sa taille admise, les proportions en sont justes, les formes assez élégantes, et il y a de bons détails dans la sculpture. Je sais surtout un gré infini aux courageux artistes qui, en plein règne de l'école classique, ont osé substituer à l'éternel anachronisme du soldat romain, la représentation vraie de nos glorieux troupiers en uniformes de grenadiers, de chasseurs ou de dragons.

Cela ne vaut pourtant pas l'admirable groupe de l'arc de l'Étoile, où Rudde a si poétiquement traduit en pierre l'hymne républicaine du *Chant du départ*. Cela ne vaut pas les sculptures dont un autre grand artiste, David (d'Angers), a décoré l'arc de triomphe de Marseille. Car Marseille, elle aussi, l'opulente capitale phocéenne, a son arc de triomphe.

Je n'oserais point donner un nom aussi pompeux aux portes plus ou moins monumentales que possèdent encore quelques villes de province, telles que Bordeaux, Dijon, et bon nombre de places de guerre; et quant aux arcs de triomphe justement célèbres d'Orange, d'Arles, de Carpentras, de Saint-Rémi, de Reims, de Saintes, ou d'Aix en Savoie, quant à la belle porte d'Aroux à Autun, ils appartiennent trop exclusivement à l'art romain pour que notre gloire nationale ait rien à y revendiquer.

Les colonnes commémoratives ou triomphales ne sont guère moins rares que les arcs de triomphe. Paris en possède deux fort belles, celle de la grande armée et la colonne de Juillet, monuments élevés l'un à la gloire et l'autre à la liberté, pour lesquelles nos pères ont tour à tour combattu.

On peut également mettre au nombre des

colonnes monumentales, les deux immenses colonnes de pierre, si longtemps inoccupées, où l'on a fini par mettre Philippe-Auguste et saint Louis en faction à côté du bureau d'octroi de la barrière du Trône (en quoi leur sort me paraît encore préférable à celui de saint Siméon Stylite, qui, selon la légende, occupait *de son vivant* une position analogue).

Hors de Paris, je ne vois, en France, qu'une seule colonne monumentale, celle de Boulogne, pauvre colonne bien nue, du sommet de laquelle Napoléon Ier, planant sur un désert, semble protester mélancoliquement contre l'alliance anglo-française.

Quant à la colonne de la place du Châtelet à Paris, quant aux deux belles colonnes rostrales qui ornent la place des Quinconces à Bordeaux, il faut les reléguer parmi les monuments d'utilité publique, puisque les unes servent de phares tandis que l'autre sert de fontaine.

Les seuls monuments d'art pur qui soient assez communément répandus par toute la

France sont les statues érigées à la mémoire des grands hommes.

Quand je les appelle des monuments d'art pur, je veux dire « exclusivement d'art, » et, bien entendu ce n'est pas de leur pureté artistique que j'entends parler; car le nombre de celles qui mériteraient cet éloge est malheureusement fort restreint.

L'homme qui a produit le plus grand nombre de monuments de ce genre, et les meilleurs peut-être, est certainement David (d'Angers). Il dut cette vogue non pas seulement à son grand talent, mais aussi a son désintéressement sans bornes. Rarement, lorsqu'une idée souriait à son génie ou à son patriotisme, David voulait-il accepter le prix de son labeur. Son travail faisait l'appoint de toute souscription incomplète, et c'est ainsi que la seconde moitié de sa vie s'est passée à réduire sans cesse, par de nobles sacrifices, la fortune laborieusement amassée aux jours de sa jeunesse.

Nul, du reste, ne savait saisir, avec autant de bonheur que lui, le côté grand et généreux d'une pensée, ne savait mieux la rendre saisissable pour tous, ni placer son œuvre dans des données plus grandioses ou plus pittoresques.

Strasbourg en a vu un mémorable exemple. On célébrait alors le quatrième anniversaire séculaire de l'invention de l'imprimerie. Strasbourg disputait à Mayence l'honneur d'avoir, la première, vu éclore dans ses murs cette mémorable découverte qui sert en quelque sorte de point de départ à la régénération intellectuelle de l'humanité. Thorwaldsen, le célèbre Thorwaldsen, venait de faire pour Mayence une statue de Gutenberg. Strasbourg vote aussitôt par acclamation un monument semblable, et son patriotisme fait appel à celui de David.

La statue sagement composée de Thorwaldsen répondait, dans sa froide correction, à toutes les exigences du goût classique.

David, serrant la vérité de plus près, et puisant en même temps son inspiration plus haut, appuie fièrement la noble figure de Gutenberg contre la presse qui vient de lui servir, et, sur l'épreuve que tient en main le glorieux inventeur, il inscrit ces deux mots prophétiques empruntés au texte même du premier livre imprimé par lui : FIAT LUX (que la lumière se fasse !)

C'est en jaillissant ainsi, puissante et simple dans sa forme, que la pensée d'un grand artiste imprime à ses œuvres ce caractère de supériorité auquel le seul talent, si parfait qu'il soit, ne saurait jamais atteindre.

David (d'Angers) dut à sa juste popularité la bonne chance d'avoir à traiter, plus d'une fois, des sujets admirables. Il en savait tirer parti avec infiniment de bonheur.

Rouen voulait élever un monument à la plus grande de ses gloires, Pierre Corneille. Libre du terrain, David choisit le terre-plain du Grand-Pont, véritable promontoire au milieu de la Seine, d'où la rêveuse et pensive figure de l'immortel tragique, s'élevant au-dessus des mâts des navires, semble personnifier noblement cette active et industrieuse population normande, chez qui l'ardeur au négoce n'a jamais étouffé le culte de l'intelligence.

Béziers veut ériger une statue à Riquet, l'illustre ingénieur, si populaire dans le midi de la France pour avoir réuni l'Océan à la Méditerranée au moyen du canal du Languedoc. Quelle autre bonne fortune! Voilà, sous le ciseau de David, la noble figure de Riquet qui s'élève, au bord même du canal, planant du regard et sur son œuvre et sur ces riches campagnes du Languedoc qui n'ont pour horizon qu'une mer d'azur ou la chaîne bleuâtre des monts pyrénéens.

Ce n'est pas tout que d'avoir à travailler sur de belles données. Encore faut-il en être digne. Encore faut-il que l'artiste ait assez de tact, assez de prudence, un assez juste sentiment des proportions pour savoir harmoniser son œuvre avec celle de la nature, sans succomber dans ce dangereux rapprochement.

Autrement, voyez ce qui peut arriver :

Il s'agit d'un fait récent. Naguère le clergé français, sous le coup de l'enthousiasme que la cour de Rome avait provoqué dans ses rangs en proclamant le dogme si longtemps contesté de l'Immaculée Conception, le clergé français ouvrit une souscription dans tous les diocèses pour ériger, en commémoration de ce grand événement, une statue colossale à la sainte Vierge. On devait l'appeler *Notre-Dame de France*, et ses proportions devaient, autant que possible, excéder celles de toutes les statues connues.

Le plus difficile était de choisir un lieu convenable pour placer la statue. Ce fut au Puy-en-Velay qu'on donna la préférence. Sous beaucoup de rapports, ce choix était heureux. De temps immémorial, le culte de la sainte Vierge est là en grand honneur, et des milliers de pèlerins gravissent chaque année le grand et pittoresque escalier qui mène à la cathédrale du Puy. Aux abords de la ville s'élève un cône basaltique, abrupte, isolé de tous côtés et formant une vraie montagne haute de quelques centaines de pieds. On crut faire merveille en érigeant la statue de la sainte Vierge dans cette position exceptionnelle, sur un point qu'on apercevait de partout et qui semblait dominer le pays entier.

On s'est trompé pourtant. La statue est aujourd'hui en place, on l'a inaugurée avec pompe, et l'effet est loin de répondre à ce qu'on en avait espéré.

Comment ne l'a-t-on pas prévu? Comment n'a-t-on pas compris qu'en plaçant la statue sur ce cône immense, on lui ferait infailliblement perdre tout le prestige de ses proportions colossales!

Les grandeurs de main d'homme ne sauraient avoir la prétention de lutter avec celles de la nature. Il y a toujours prudence à éviter entre elles la comparaison.

Voyez les pyramides d'Égypte, ces monuments les plus imposants et les plus gigantesques qui existent de la puissance humaine! Tout leur prestige repose sur le désert de sable et l'horizon sans bornes qui les entourent. — Qu'on les transporte au milieu des Alpes, et ce ne seront plus que de misérables taupinières.

Voyez saint Charles Borromee, ce débonnaire colosse dans le nez duquel va s'asseoir chaque jour quelque nouveau touriste. On s'est bien gardé, celui-là, de le jucher sur une montagne à pic. Tranquillement établi sur le large plateau d'une colline arrondie, rien de ce qui l'entoure ne nuit à sa grandeur. Les arbres du coteau, quelques petites maisons, une petite église dont le comble affleure à peine son piédestal, sont là, tout au plus, comme autant de points de comparaison destinés à mieux faire ressortir ses colossales dimensions. Les proportions de la base sont en rapport avec la statue. Aussi l'effet en est-il saisissant.

En thèse générale, un sculpteur doit donc avoir toujours le plus grand soin de proportionner son œuvre à la place qu'elle doit occuper.

Comme exemple de bonne réussite en ce genre, je pourrais citer, parmi beaucoup d'autres, un monument conçu, exécuté à Paris, quoiqu'il orne aujourd'hui une ville étrangère : je veux parler de la belle statue équestre d'Emmanuel-Philibert par M. Marochetti.

A Lyon, au contraire, le monument de la place Bellecour est comme perdu au milieu du vide de cet immense espace.

Il est rare, du reste, qu'on ait à remplir un cadre aussi vaste. La plupart des statues s'élèvent sur des places publiques de dimensions assez restreintes, qui ne permettent pas d'en varier beaucoup les proportions. D'ailleurs, messieurs les statuaires n'ont pas toujours, à cet égard, leurs coudées absolument franches. Certains architectes (Visconti était du nombre) prétendent que le véritable monument consiste dans le piédestal, dont la statue ne serait, suivant eux, que l'accessoire.

Il faut bien le dire aussi, tous les sujets ne prêtent pas également à l'inspiration. Il est difficile, par exemple, de varier beaucoup sa composition, lorsqu'il faut reproduire, tour à tour, une entière pléiade de héros en bottes à l'écuyère, en uniforme de général, le sabre au poing ou au côté. On a beau mettre à celui-ci un affût de canon, à celui-là une pile de bombes pour accessoire, un bâton de maréchal ou une carte de géographie pour contenance; la liste des variantes est bientôt épuisée.

Le costume un peu débraillé de nos vieux généraux républicains prêtait plus à l'art que l'irréprochable tenue de nos célébrités contemporaines. Kléber, le magnifique Ajax de l'expédition d'Égypte, en est peut-être le plus bel exemple. Aussi Kléber a-t-il presque toujours bien inspiré les artistes. Je n'en veux d'autre preuve que la statue exécutée à Strasbourg par M. Grass.

Tout le monde n'a pas à reproduire une figure aussi pittoresque par elle-même que celle du général Kléber; mais les ressources sont déjà grandes pour l'artiste, lorsque son héros appartient à une époque ou à une profession dont le costume se prête, un peu mieux que le nôtre, aux exigences de l'art. Les magistrats, les évêques avec leurs longues robes, les femmes avec toutes les grâces de leur corsage et les ampleurs de leurs jupes, les célébrités du moyen âge avec leurs accoutrements si gracieux et si variés, sont autant de bonnes aubaines pour les artistes intelligents, — et certes nous n'en manquons pas.

Si l'école française de sculpture a fait de grandes et irréparables pertes, il lui reste encore de beaux noms et de brillantes espérances. Après David (d'Angers), Rudde, Pradier, qu'on n'a pas remplacés, il nous reste les Duret, les Cavelier, les Foyatier, les Jaley, les Pelitot; et, dans la jeune génération, bien des noms que je ne cite pas, de peur de commettre involontairement quelque injuste omission, sont déjà connus et appréciés à bon droit.

Aussi, l'apothéose locale est-elle, chez nous, toujours en vogue. Aux statues succèdent les statues. On se croirait dans la vallée de Josaphat. De toutes parts les grands hommes sortent de leurs tombeaux et, droits dans leurs linceuls de marbre, se dressent sur notre passage aux carrefours de toutes les villes. — Salutaire résurrection, si elle peut servir d'enseignement aux générations qui s'élèvent!

Saluez la Tour-d'Auvergne, dirais-je aux braves Bretons de Carhaix, et sachez imiter les vertus austères du premier grenadier de la république!

Bons habitants de la Corrèze, voici le maréchal Brune, qui fut le bienfaiteur de votre pays! Chérissez sa mémoire, et que le souvenir de sa mort vous garde à tout jamais des excès du fanatisme politique!

Soldats de la garnison de Versailles, saluez le général Hoche! D'autres ont su vaincre, mais non pas comme lui, en pacifiant et en réconciliant les vaincus. Deux fois honneur au grand guerrier qui fut un grand citoyen!

A combien d'autres encore n'aurions-nous pas à demander des leçons?

Autrefois on n'élevait des statues qu'aux princes. Le tour des grands hommes est venu, et la morale n'y perd rien. Depuis Lafontaine et Racine jusqu'au grammairien Lhomond, depuis Poussin jusqu'au peintre de pastel Latour, depuis Duguesclin jusqu'à Jeanne Hachette, depuis Descartes jusqu'à Jacquard, toutes les gloires du passé sont revendiquées tour à tour, et la France entière devient comme un Panthéon décentralisé.

Paris seul ne me paraît pas suivre bien franchement ce mouvement. Paris, il est vrai, fourmille de statues; toutefois ces statues, accessoires purement décoratifs des grands monuments publics, ne peuvent par conséquent être considérées elles-mêmes comme de vrais monuments.

Les niches de l'Hôtel de ville sont garnies, j'en conviens, d'une très-respectable phalange de célébrités historiques; mais, ces pauvres grands hommes, quel regard songe à les aller découvrir dans leurs guérites si haut perchées. — Une autre série d'immortels garnit les terrasses du nouveau Louvre. — Les parterres du Luxembourg fleurissent entre une double rangée de femmes célèbres, plus gracieuses les unes que les autres. — Enfin, Sully, Colbert, et je ne sais quels autres ministres du temps passé, sont confortablement assis, comme des donneurs d'eau bénite, à la porte du Corps législatif.

C'est fort bien, assurément; mais cela n'empêche pas qu'en fait de statues monumentales isolées et plantées pour leur propre compte sur un piédestal à elles, Paris est d'une pauvreté qui étonne.

Trois rois, dont un à peine mérite quelque popularité, Henri IV, Louis XIII et Louis XIV, ont été remis par la Restauration là où les avait laissés l'ancien régime.

Depuis lors, de quelles statues le gouvernement ou l'administration municipale nous ont-ils dotés?

Il a fallu une fontaine pour réunir quatre illustres évêques sur la place Saint-Sulpice ; une fontaine pour rappeler le nom de Cuvier, sans même rappeler sa figure; une fontaine encore, et l'initiative particulière, pour que Molière eût sa place au soleil. Quant à Voltaire, il y a tout lieu de penser qu'il demeurera éternellement à l'ombre, sous le vestibule du Théâtre-Français, où, par bonheur pour lui, les dévots ne vont guère.

Bichat a trouvé place, il est vrai, derrière la grille de l'école de médecine, et Larrey dans la cour du Val-de-Grâce.

Mais, sur la place publique, je ne vois réellement que cette malencontreuse statue du maréchal Ney s'escrimant tout seul avec son grand sabre, comme s'il avait pris à tâche d'écheniller tous les arbres qui l'entourent.

Franchement, Paris devrait avoir mieux que cela. Les gloires ne lui manquent pas, et d'ailleurs toutes celles de la France y ont leur place.

Au milieu de ces quartiers populeux et producteurs qu'on veut assainir et décorer à leur tour, pourquoi ne pas élever quelques statues aux plus illustres apôtres de l'industrie qui fait vivre le peuple : à Jacquard, à Papin, à Salomon de Caus, à Bernard Palissy? Pourquoi ne pas ériger, au milieu des halles, une statue à Olivier de Serres ou tout simplement à Parmentier, l'illustre agronome qui a tué les disettes en introduisant la pomme de terre en France?

Le reste de la ville suffira bien aux héros et aux génies d'un ordre plus poétique.

Mais si, dans Paris, il n'y a de place que pour une statue, celle-là, je demande qu'avant tout on la consacre à réparer la plus monstrueuse ingratitude que jamais peuple ait commise.

Osons-nous bien parler de notre patriotisme et de notre culte pour le principe des nationalités, lorsque la capitale de la France n'a pas encore songé à élever le moindre monument à la mémoire de Jeanne Darc?

Orléans, depuis longtemps et à diverses reprises, a payé sa dette. Ce n'est pas sa faute si la valeur de l'œuvre ne répond pas à l'intention.

Rouen, théâtre involontaire du crime, en a témoigné son horreur par un monument expiatoire.

Qu'attend donc Paris ?

La place et l'occasion s'offrent d'elles-mêmes. Bientôt va disparaître ce sordide carrefour où les rues Sainte-Anne, des Frondeurs, d'Argenteuil et Fontaine-Molière viennent déboucher dans la rue Saint-Honoré. C'est là, en face des Tuileries et de la rue de l'Échelle, sur cette même butte des Moulins située alors hors des remparts de Paris, et au lieu même où la Pucelle fut blessée, c'est là qu'il faut élever un monument

A JEANNE DARC

LA SAINTE FILLE DU PEUPLE

QUI DÉLIVRA LA FRANCE

DU JOUG

DE L'ÉTRANGER.

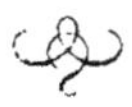

VII

DE L'ARCHITECTURE DOMESTIQUE AU DIX-NEUVIÈME SIÈCLE

VII

DE L'ARCHITECTURE DOMESTIQUE AU DIX-NEUVIÈME SIÈCLE.

A chaque époque ses besoins. — Les maisons d'autrefois et celles d'aujourd'hui. — Petits hôtels et petits châteaux.

S'il y a jamais eu un siècle qui dût avoir un style à lui en fait d'architecture, c'est bien certainement le siècle où nous vivons ; car jamais, je crois, l'on n'a autant bâti. Et comme la France est le pays d'Europe, Paris la ville de France où l'on bâtit le plus, il semblerait que le prototype de l'architecture actuelle dût être le *style parisien*.

Je ne parle bien entendu que de l'architecture domestique, des constructions privées. Car pour les grands édifices publics, nous en sommes encore, hélas ! au pastiche, et c'est tout au plus si la plupart de nos architectes savent copier suffisamment bien un temple grec, une église gothique ou un palais à la Louis XIV.

David (d'Angers), qui, comme tous les sculpteurs, était assez porté à se moquer des architectes, me disait un jour assez plaisamment : « En fait de monuments publics parfaitement appropriés à leur usage, d'un style original et tout à fait de notre époque, je ne connais que les abattoirs ! »

Il y a du vrai dans cette critique.

Depuis lors cependant, quelques architectes de grand mérite ont su donner à leurs œuvres ce cachet personnel, ces qualités d'appropriation dont les monuments du commencement de notre siècle étaient en général complétement dépourvus.

Mais c'est surtout dans les constructions particulières que l'originalité des conceptions semblerait pouvoir se faire jour. La fantaisie de l'artiste, le caprice du propriétaire, y règnent tellement en maîtres, qu'on pourrait même y craindre une certaine anarchie en fait de goût.

Eh bien! au contraire : sauf quelques excentricités sans importance, il est impossible de ne pas reconnaître que l'immense majorité des maisons récemment construites, réunit un certain nombre de caractères identiques, de traits communs, de points de ressemblance qui constituent bien un véritable style.

Évidemment les innombrables maisons qui s'élèvent le long de nos voies nouvelles ne ressemblent ni à celles des anciens, ni à celles du moyen âge, ni à celles du temps de Louis XIII ou de Louis XIV, ni même à celles qu'on construisait il y a cinquante ans à peine.

Un style d'architecture peut être considéré, en général, comme l'expression ou plutôt la résultante des besoins, des mœurs, des tendances d'une époque. Or, les circonstances ayant changé, avec elles a dû changer également la forme des habitations modernes.

Et d'abord, actuellement la grande voirie a des exigences qui n'admettent plus ces pittoresques saillies, ces tourelles, ces pavillons en cul-de-four dont le moyen âge et la renaissance furent si prodigues.

Le terrain, jadis abondant et à bas prix, est devenu rare et a pris une valeur énorme. Le premier problème à résoudre aujourd'hui est de lui faire rapporter le plus possible, en y accumulant le plus d'habitants qu'il peut porter.

Autrefois, les grands seigneurs se faisaient bâtir de somptueux hôtels, et le pauvre peuple s'entassait à son gré dans de misérables maisons, au sein des vieux quartiers que lui abandonnaient les heureux du jour. Quant à la classe moyenne, elle comptait pour peu et vivait très-modestement.

Aujourd'hui, c'est autre chose. La classe moyenne a pris sa large place au soleil, ce dont elle est assurément bien digne par ses lumières. Mais elle a ses faiblesses : après avoir été si longtemps retenue dans l'ombre et la demi-teinte, la voilà maintenant éprise d'un amour exagéré pour tout ce qui brille. Chacun veut paraître plus qu'il n'est et plus qu'il n'a.

Jadis le commerçant ou l'homme de loi (comme on disait alors) se logeait dans quelque rue tranquille, dans quelque maison de modeste apparence. Une simple allée ou une sombre voûte de porte cochère vous conduisait à un escalier médiocrement éclairé lui-même. Vous tiriez le pied de biche ou l'anneau de cuivre suspendu au cordon de la sonnette, et une bonne servante (quand ce n'était pas la maîtresse de la maison elle-même), vous introduisait tout d'abord dans une vaste pièce formant le plus souvent salon et salle à manger. Quelques fauteuils, un canapé en velours d'Utrecht, une table en noyer bien propre, un miroir de deux pieds de haut sur la cheminée, de simples rideaux de cotonnade aux fenêtres, constituaient le plus souvent tout le luxe de ce sanctuaire de la famille. Puis venaient à la suite une bonne et grande chambre où s'épanouissait la couche conjugale dans son imposante largeur; puis deux ou trois autres chambres plus petites, selon le nombre des garçons et des filles ; puis une vaste cuisine, avec sa grande cheminée et ses légions de casseroles ; et enfin, par-ci par-là, quelques cabinets garnis d'armoires toutes pleines de bon linge.

Il y avait un certain confortable dans cet intérieur bourgeois ; on y vivait fort calme et très-patriarcalement, d'une vie laborieuse qui n'excluait pourtant pas les joies de la famille, et l'on accumulait ainsi du bien pour doter ses enfants.

Allez donc chercher aujourd'hui un intérieur pareil ! A peine un vieux savant consentirait-il à se loger ainsi.

D'abord on veut une belle maison qui ait bonne apparence du dehors. On veut une belle entrée, avec un portier qu'on appelle *concierge*. On veut un escalier peint en stuc et à rampe dorée, un bouton de cristal à la sonnette, enfin toutes les *bagatelles de la porte*. Le luxe de tous les jours étant trop coûteux pour la fortune qu'on a, Madame *n'est chez elle* qu'un jour par semaine. Mais ce jour-là, comme tout a bon air! La porte vous est ouverte par un élégant domestique, ou tout le moins par une pimpante soubrette, qui vous introduit pompeusement dans un beau salon tout doré depuis les lambris jusqu'au moindre meuble. Les housses ont disparu pour vingt-quatre heures, laissant à nu des fauteuils et des sofas de brocatelle. Les glaces étamées de la cheminée reflètent les glaces sans tain qui tiennent lieu de vitres. Un riche tapis couvre le plancher; enfin une pendule rococo, quelques candélabres, quelques bronzes dorés du style le plus tapageur, sont là pour représenter l'art.... à peu près aussi bien que beaucoup d'autres choses sont représentées dans ce monde.

Mais achevons notre visite domiciliaire.

La salle à manger est irréprochable : meubles en chêne sculpté, sculptures en carton-pâte à toutes les corniches. C'est une charmante bonbonnière. Seulement, à voir ce petit luxe de poche, on se demande si ce sont des dîners ou bien des *dînettes* qu'on va faire là dedans.

Maintenant, pénétrons dans la vie intime. — Entrons indiscrètement chez Madame. Là encore, le mobilier est fort coquet; mais, mon Dieu! que c'est petit! Où sont les cabinets, où sont les armoires? — Entrons chez Monsieur. Monsieur est logé sur le derrière, comme dit élégamment son portier; ce qui signifie que l'unique fenêtre de Monsieur donne sur la cour. Mais que dis-je, la cour? Ce n'est qu'un puisard à air, un trou profond par où les pâles reflets d'une lumière oblique ont peine à descendre jusqu'aux étages inférieurs. Monsieur a un fort joli bureau; mais on ne voit pas clair chez lui, mais on ne peut s'y retourner. Il couche sur un canapé-lit et s'habille dans un cabinet noir.

Quant à la cuisine, ce n'est qu'un pauvre petit réduit obscur, qui suffirait à peine à l'usage le plus opposé. Le jour n'y arrive que de seconde main; il n'y a pas la place d'y accrocher trois casseroles. Mais qu'importe! Lorsqu'on a du monde à dîner, ce n'est pas chez soi qu'on fait la cuisine. A quoi bon les garde-manger? A quoi bon les celliers, les offices, les armoires ? Paris est une ville de ressources : depuis les domestiques jusqu'au linge, depuis les viandes jusqu'aux plats qui les contiennent, depuis les lampes jusqu'aux fleurs, tout ce qui est luxe se loue à la demi-journée.

Avec une vie ainsi réglée, avec des habitudes ainsi prises, la tâche de l'architecte est indiquée d'avance. Son programme est à peu près tracé ainsi :

Donner le plus possible à l'apparence ; — sacrifier le confortable au luxe, ce qui ne paraît pas à ce qui paraît, les aménagements intérieurs à la façade, les chambres qu'on habite à celles où l'on reçoit ; — utiliser surtout en hauteur et en superficie, jusqu'à la dernière limite du possible, le terrain à bâtir ; — si ce terrain comporte une cour, la faire juste assez grande pour qu'une voiture puisse y tourner ; — mais surtout décorer richement la façade de la maison, la couvrir de sculptures et de balcons dorés.

Quant aux terrasses, quant aux pavillons en saillie, il ne saurait, bien entendu, en être question. La moindre terrasse digne de ce nom représenterait bien la superficie de deux chambres, qui, multipliées par quatre étages donnant sur la rue, supposent, au bas prix, une valeur locative de quinze à seize cents francs, c'est-à-dire un capital d'une trentaine de mille francs pour le moins. Des terrasses, on n'en trouve plus que sur les toits, les ordonnances de voirie exigeant que le quatrième étage d'une maison à l'alignement soit construit en retraite sur les autres. Encore triche-t-on le plus souvent, en ajoutant à ce compte un ou deux entre-sols.

En résumé, voici donc le type de la maison bourgeoise du dix-neuvième siècle :

Grande façade plane sur la rue; boutiques aux deux côtés de la porte cochère; entre-sol; premier étage avec balcon, fenêtres à grandes glaces, et à volets dorés *s'apercevant du dehors;* deuxième et troisième étages symétriques; corniche surmontée d'une étroite terrasse sur laquelle s'ouvre un dernier étage, surmonté lui-même de combles, où les greniers sont convertis en chambres de domestiques sans jour, sans air et d'une exiguïté invraisemblable (car c'est encore un des nombreux agréments des maisons modernes que les domestiques n'y sont jamais à la portée de leurs maîtres).

Dans l'état de choses actuel, force est donc bien à MM. les architectes de rester fidèles au style très-monotone et très-dépourvu de charme qu'ont fait naître les tendances de notre société moderne. A moins de faire des fenêtres en losange, je ne vois vraiment pas quel genre d'originalité ils pourraient donner à leurs maisons.

Restent les petits hôtels.

C'est là véritablement le goût du jour.

Mais avant tout, entendons-nous bien sur la valeur, sur la signification qu'on donne à ce mot.

Autrefois, on appelait *hôtel* une vaste et grande habitation particulière, occupée par une seule et même famille, bâtie entre cour et jardin, n'ayant sur la rue qu'une loge de portier ou quelques bâtiments de service peu élevés, précédée d'une cour d'honneur, flanquée d'une ou deux autres cours plus petites pour les écuries, les remises et les cuisines; le bâtiment principal se composant au rez-de-chaussée d'une somptueuse enfilade d'appartements de réception, et au premier du logement des maîtres de la maison.

C'étaient là de véritables habitations de grands seigneurs. En Italie, on les eût appelés des *palais*. Paris (et surtout le faubourg Saint-Germain) en compte encore un grand nombre, quoique la plupart aient été absorbés par les ministères et les grandes administrations publiques. Ils sont, en général, l'œuvre des plus éminents architectes du siècle dernier ou de celui qui l'a précédé.

D'hôtels ainsi conçus, on n'en construit plus aujourd'hui. A peine pourrait-on citer, comme exceptions, ceux de Mme de Pontalba, de M. d'Aligre et de M. Fould.

Quant au petit hôtel moderne, ce n'est, bien entendu, que la très-petite monnaie de ceux-là. Un hôtel aujourd'hui veut dire simplement une maison que son propriétaire habite tout seul.

Le nombre en augmente tous les jours; car les loyers sont arrivés à des prix si fabuleux, que beaucoup de gens, parmi ceux qui tiennent à être bien logés, trouvent plus économique d'acheter un bout de terrain dans quelque lointain quartier et de s'y faire bâtir une maison à leur mesure.

Là encore on lésine bien un peu pour le terrain. Il est si cher! On en achète le moins possible, et c'est à le bien utiliser que l'architecte doit surtout appliquer son talent.

Quelques-uns de ces petits hôtels sont de véritables chefs-d'œuvre de distribution. Le confortable moderne semble y avoir élu domicile. J'ajouterai qu'il y en a de fort jolis. Cependant leur défaut le plus habituel est une tendance beaucoup trop manifeste aux grandes prétentions, le style château appliqué sans rime ni raison, et des velléités de grands airs là où l'élégance est tout au plus de mise.

Quoi qu'on puisse faire, nos modernes petits hôtels ne ressemblent guère aux hôtels d'autrefois. Ils ressembleraient plutôt à de jolies maisons de campagne *intra muros*. Par contre, les habitations de campagne que l'on construit aujourd'hui, particulièrement aux environs de Paris, ressemblent assez à de jolies maisons de ville.

Par le temps qui court, avec la division de nos fortunes et notre système économique qui rend la propriété si mobile, il arrive tout naturellement qu'on ne construit guère plus de grands châteaux que de grands hôtels.

Cependant le goût de la campagne est plus répandu que jamais; on aime à y passer au moins quelques mois de l'année, ne fût-ce que pour y faire des économies. Mais c'est encore une des prétentions de notre époque que de ne plus savoir se contenter de la maison de curé, du gros pavillon carré si naïvement bête, que nos pères habitaient sans sourciller.

En cela, du reste, nous avons, il faut en convenir, meilleur goût qu'eux.

Nulle part l'architecture pittoresque n'est mieux placée qu'à la campagne. Sous ce rapport, néanmoins, il faut encore prendre bien garde de ne pas tomber dans l'exagération. Sans doute on peut trouver des modèles de goût, bons à imiter même dans les constructions les plus restreintes; mais il ne faut pas, sous prétexte de style, que la moindre maisonnette affecte les allures d'un manoir féodal, qu'une modeste habitation, ayant pour toutes dépendances un jardin de deux arpents, prétende reproduire le style grandiose des châteaux princiers du dernier siècle.

A mon avis, les Anglais entendent mieux que nous la construction des habitations de campagne. Ils savent leur appliquer, avec beaucoup d'habileté, les ressources variées des anciens styles. Moins préoccupés que nous de la régularité du plan, ils savent généralement leur donner plus de pittoresque et mieux satisfaire aux exigences du confortable. Leur grand art est surtout de faire concourir la nature elle-même au charme de leurs constructions domestiques, de faire contribuer le règne végétal à leur fraîche et coquette décoration. C'est moins prétentieux, c'est moins noble peut-être que ce que nous faisons ; mais c'est assez économique, et c'est charmant à l'œil.

En un mot, nous entendons mieux le château, et les Anglais entendent mieux le *cottage*. On reconnaît chez nous des gens dont la vie principale est à la ville ; on reconnaît chez les Anglais des gens dont la vie principale est à la campagne.

Chez nous aussi, le cadre est plus varié.

L'Angleterre, pays charmant du reste, a le malheur de se ressembler beaucoup d'un bout à l'autre (ce à quoi il faut attribuer peut-être l'ennui que les Anglais éprouvent si fréquemment chez eux).

La France, au contraire, est le pays du monde le plus varié comme nature et comme aspect.

Or, une habitation de campagne devant toujours être en harmonie avec le paysage qui l'environne, il en résulte que le même style ne saurait convenir à toutes les contrées de la France. Il serait aussi absurde de construire un chalet dans les plaines de la Beauce que d'élever un grand château de style Louis XIII dans la vallée de Chamonix.

La nature des matériaux est encore un élément très-important de la question. Ainsi, par exemple, on ne bâtit pas dans un pays à pierres comme dans un pays à briques, et le tuffau si facile à tailler des bords de la Loire permet des fantaisies de décoration que la granitique Bretagne ne saurait se passer.

En somme, le site, la nature des matériaux et la destination de l'édifice sont trois données essentielles qui doivent influer considérablement sur le style à adopter. Aussi ne saurait-on protester trop vivement contre la tendance qu'ont beaucoup d'architectes à prendre n'importe où des modèles, d'ailleurs fort bons, sans s'inquiéter de leur convenance spéciale.

Le goût a fait certainement des progrès depuis quelques années ; mais ce qui manque encore à la plupart de nos artistes, c'est l'originalité. Si quelques-uns y tendent de la manière la plus louable, beaucoup d'autres, en courant après elle, n'atteignent que la bizarrerie, sa sœur bâtarde.

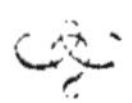

VIII

L'ART EN PROVINCE.

VIII

L'ART EN PROVINCE.

Effets de la centralisation. — Position des artistes loin de Paris. — Les peintres, les graveurs et les sculpteurs. — Les architectes et le conseil des bâtiments civils. — Le théâtre et la musique. — Rôle de l'administration centrale : ce qu'elle fait et ce qu'elle devrait faire.

Paris a certainement fourni son large contingent de grands hommes au panthéon français; cependant, si l'on consultait l'extrait de baptême de tous les beaux génies dont la réunion fait de cette ville un des foyers de lumière les plus brillants du monde entier, il n'y aurait guère de province en France qui ne pût y réclamer sa part de gloire.

Dans notre pays, comme ailleurs, le génie pousse à l'aventure. On naît un peu partout : c'est une affaire de hasard. Mais, la volonté ayant plus d'action sur le reste de l'existence, chacun en grandissant cherche à se rapprocher du soleil; et tel qui naît dans une bourgade croit ne pouvoir mourir qu'au milieu des lucratives splendeurs d'une ville de premier ordre.

Chaque province, il est vrai, réclame ses morts dans le jugement dernier de la célébrité; mais, hélas! les statues sans nombre qui, depuis quelques années, s'élèvent sur tous les points de la France, c'est à des déserteurs qu'on les décerne.

En somme, de tous les pays à grande civilisation, il n'y en a pas un au monde où la province soit, aussi complétement que chez nous, déshéritée d'hommes d'un talent supérieur, surtout en fait d'art.

Cela tient évidemment à un vice d'organisation.

L'excès de notre centralisation politique et

administrative y est pour beaucoup. Quand tout se fait à Paris, il est assez naturel que tout y converge.

C'est à ceux qui disposent d'un pouvoir centralisateur aussi exorbitant qu'il appartiendrait de répandre à la circonférence un peu de la manne vivifiante que leur seule main dispense.

Pour le présent, voyez un peu quel est comparativement la perspective ouverte aux artistes de province et à ceux de Paris.

Commençons par les peintres :

S'agit-il du grand art, de la peinture d'histoire ? Le gouvernement seul peut la loger et la payer convenablement. Aussi, de lui seul peut-on espérer une commande, et cette commande c'est, bien entendu, par les bureaux de l'administration centrale qu'elle doit passer. A Paris donc est la source unique de tout encouragement pour qui veut peindre l'histoire.

D'autres genres moins ambitieux devraient offrir, n'est-ce pas, plus de ressources : on peut faire en tous lieux des paysages, des tableaux de chevalet, des portraits ou des fleurs.

Le paysage, particulièrement, semble être une protestation inspirée par la nature elle-même contre la centralisation. Les matériaux en sont un peu partout, excepté dans les bureaux d'un ministère. Mais si, chaque année, le printemps voit s'envoler, s'éparpiller sur le monde entier l'ardent essaim de nos paysagistes, chaque automne les voit aussi rapporter forcément au marché de la grande ville, chacun selon son génie, un rayon de soleil ou de miel, un bouquet de fleurs ou de verdure. C'est qu'en effet, ce marché-là est le seul où chacun puisse espérer de vendre sa récolte à peu près ce qu'elle vaut.

La province, il est vrai, fait un peu plus consommation de portraits ; mais à quel prix ? là est la question. — A Paris, le portraitiste en vogue croit vous faire une faveur en reproduisant vos traits ou ceux de votre chère moitié pour la bagatelle de trois, quatre ou six mille francs. — En province, on est classé parmi les opulents et les Mécènes de la localité quand on paye un portrait cent écus.

Étonnez-vous donc, après cela, si l'artiste qui se sent un peu de talent et surtout d'ambition, aime mieux peindre à Paris qu'à Limoges ou à Langres !

Et de même et pis encore pour la peinture de chevalet ; car si le portrait, souvent précieux au point de vue de l'affection ou flatteur à celui de la vanité, peut à la rigueur passer pour une honorable partie du mobilier de famille, le tableau de genre, comparativement à lui, n'est qu'un objet de luxe dans toute la force du terme, une élégante *inutilité* dont un homme *raisonnable* ne peut se passer la fantaisie que lorsqu'il le rencontre très-au-dessous de sa valeur.

Il est d'ailleurs si commode d'y suppléer par des gravures incontestablement fort bonnes, qu'on peut se procurer à bien meilleur marché !

De cela faut-il conclure que l'art du graveur offre plus de ressources en province ?

Quelle erreur, grand Dieu, serait celle-là !

A la rigueur, et pour peu qu'on se contente

de modestes profits, on peut exercer à peu près partout la profession de peintre. Mais celle de graveur.... impossible.

Ce n'est point pour le public que le graveur travaille ; ce n'est pas lui qui vend ces belles planches dont la gloire est à partager avec le peintre et le profit avec l'éditeur. Son œuvre, à lui, réclame impérieusement un intermédiaire, et cet intermédiaire, si recherché malgré les rudes conditions que trop souvent il impose, ce n'est que dans les grandes capitales qu'il se rencontre : elles seules, en effet, offrent assez de mouvement intellectuel et commercial pour qu'un éditeur d'œuvres d'art puisse songer à y tenter la fortune.

Y a-t-il plus de chances pour qu'un sculpteur trouve à vivre en province ?—Allons donc ! Qui s'amuse aujourd'hui à commander des statues ? La mythologie est bien morte, et si l'orgueil de la famille peut aller jusqu'à décerner à quelques-uns de ses membres l'apothéose du portrait à l'huile, nul ne songe assurément à l'honneur passablement lourd et encombrant du buste en marbre. Et puis le prix ! c'est à n'y pas songer !

Depuis longtemps la sculpture ne pénètre plus dans nos mœurs domestiques que sous la forme de ces méchantes épreuves en plâtre de madones ou de héros populaires, que de pauvres colporteurs italiens promènent jusqu'au fond de nos campagnes.

Disons le mot : la sculpture, de nos jours, ne peut exister qu'à l'état d'art monumental. Il ne faut pas l'en plaindre, c'est sa plus belle mission ; mais seulement il en résulte qu'à part de bien rares exceptions, elle n'a plus d'encouragements à attendre que du gouvernement ou des grandes administrations publiques.

Dans ces derniers temps, il est vrai, beaucoup de petites localités, mues par un pieux orgueil, se sont fait gloire d'élever des monuments à leurs grands hommes. C'était, à coup sûr, une belle occasion pour les artistes de quelque valeur qui pouvaient se trouver dans le département. Malheureusement nul n'est prophète dans son pays, et toute municipalité qui se pique de faire de l'art croit ne pouvoir décemment s'adresser qu'à quelque artiste bien et dûment patenté par le suffrage tout-puissant du public parisien. D'ailleurs, cette clientèle locale ne serait pas d'une grande ressource pour les artistes départementaux. Une fois qu'une ville a *sa statue*, en voilà pour jusqu'à la fin des siècles.

De toutes les catégories d'artistes vivant ou voulant vivre en province, les architectes sont ceux qui semblent avoir le moins à souffrir des effets de la centralisation. On bâtit des maisons partout, et partout même on construit des monuments plus ou moins importants, hôtels de ville, écoles, églises, casernes, prisons, fontaines, théâtres ou maisons de fous.

Mais d'abord, en fait d'architecture, il faut bien distinguer ce qui est art et ce qui est métier. Quoiqu'on puisse mettre de l'art un peu partout, ce serait se montrer bien large que de donner le nom d'artiste au maître maçon qui construit une grange ou se charge de percer d'un nombre voulu de portes et de fenêtres les quatre murs à angles droits d'une bonne maison bourgeoise. Ce n'est que par de rares exceptions que les constructions particulières peuvent être considérées comme un champ ouvert à l'art; et l'artiste ne peut guère compter, pour faire preuve de talent ou de goût, que sur les édifices publics dont il aura l'entreprise.

Or, par le fait de cette ingénieuse fiction administrative qui veut que la France entière soit en tutelle, il se trouve que nul projet, si bien conçu qu'il soit dans le fond d'une province, ne peut être mis à exécution sans avoir subi le contrôle et reçu la haute approbation du conseil des bâtiments civils. Telle est la règle établie chez nous pour les œuvres du génie. On peut bien pétrir la pâte en province; mais on ne peut la cuire qu'à Paris, rue Saint-Dominique-Saint-Germain. C'est là qu'est le four banal.

Assurément le conseil des bâtiments civils est composé d'hommes du plus grand mérite. Cela n'empêche pas que ses exigences, parfois un peu pédantes, ont découragé plus d'un artiste distingué.

Et puis, si savant qu'on soit, peut-on connaître toujours aussi bien que les gens du pays les besoins, les convenances de chaque localité?

Je ne me donnerai pas le facile plaisir de raconter ici certaines bévues que l'ignorance des conditions locales a pu faire commettre à ce docte aréopage de la truelle : — l'emploi de la pierre substitué par lui à l'emploi des briques dans certaines contrées où l'on n'a point de pierres, — ailleurs des niveaux changés sans tenir compte du voisinage d'eaux plus élevées, dont le conseil ne soupçonnait pas même l'existence.

De telles anecdotes ne prouveraient rien; tout le monde peut se tromper une fois par hasard. C'est le système lui-même qui me paraît avoir de graves inconvénients.

Pour ne signaler ici que ceux qui se rattachent à mon sujet, je lui reprocherai de tuer l'initiative, de contribuer à jeter dans un même moule tout ce qui se fait en France, de dépouiller toute œuvre d'art de son originalité, de son cachet local et de son individualité propre.

Toujours placé sous le coup de cet omnipotent contrôle, l'architecte de province s'intimide, se décourage, se sent gêné dans ses conceptions; ou bien si, plus tenace qu'un autre ou plus confiant dans le mérite de son œuvre, il veut sérieusement en poursuivre le succès, le voilà, lui aussi, entraîné vers ce Paris où tout se décide, comme tout plaideur est fatalement entraîné vers le siége du tribunal dont il relève.

Paris! toujours Paris! Là est la fortune, là est la faveur, là est la gloire réservée au génie, là sont les seuls encouragements accordés au talent.

Pauvres artistes! comment voulez-vous qu'ils résistent à une force d'attraction si multiple? Est-ce leur faute à eux s'il n'y a qu'un seul poêle en France où le génie qui grelotte puisse venir se réchauffer les doigts?

En Allemagne, l'école de Düsseldorf lutte contre celle de Münich, et Berlin se pique d'une noble émulation.

En Italie, le théâtre de la Scala contre-balance celui de San-Carlo, et la Fenice rivalise avec eux.

Il est bien vrai que l'Allemagne a encore le bonheur de voir son gâteau des rois très-inégalement partagé entre une foule d'augustes convives.

Il est non moins vrai que l'Italie vient à peine d'échanger contre la tunique du soldat l'habit d'Arlequin dont ses anciens princes l'avaient affublée en cousant bout à bout tous leurs petits manteaux.

Dieu sait ce que l'unité produira demain en Italie, ce qu'elle produira un jour ou l'autre en Allemagne. J'espère pourtant, — et les premiers actes de l'Italie émancipée autorisent cette espérance, — que nos voisins se garderont bien de considérer une centralisation exagérée comme le complément indispensable de cette salutaire unité nationale dont les seules bases solides sont l'amour de la patrie et de la liberté.

Pour en revenir à ce qui se fait chez nous, le théâtre de Marseille, celui de Lyon ou de Nantes ne sauraient évidemment rivaliser avec ceux de Paris, quand, au lieu et place des modestes appointements qu'un directeur de province peut offrir à ses artistes, les grands théâtres subventionnés de la capitale offrent à tout chanteur en vogue le traitement d'un maréchal de France, voir même celui d'un ministre à portefeuille, si l'heureux ténor possède l'*ut* de poitrine.

Je cite le théâtre; mais il en est de même pour tous les autres arts.

Qu'en résulte-t-il? C'est que hors de Paris, l'art n'existe pour ainsi dire pas.

Lyon avait longtemps lutté. Jadis il avait vu naître les admirables eaux fortes de Boissieux. Son école de peinture, caractérisée par un fini trop précieux peut-être, fut représentée ensuite par Bonnefonds; puis, de nos jours, par Saint-Jean, l'excellent peintre de fleurs, et par M. Claudius Jacquand. Lyon a même eu ses maîtres en sculpture : Legendre-Hérald s'était fait un nom très-honorable dans les arts. Cependant Legendre-Hérald, fatigué de la lutte, est venu mourir à Paris; Saint-Jean, jusqu'au bout fidèle à son terroir, est mort aussi ; et je ne vois pas que de nouveaux talents s'annoncent comme devant prendre leur place.

Strasbourg, au commencement de ce siècle, comptait dans la personne de Kirstein, un ciseleur artiste du premier mérite et d'un talent vraiment original. Après lui, son fils a fait de la sculpture plus médiocre, mais encore acceptable. L'un et l'autre sont morts, et je ne vois plus, parmi les enfants de Strasbourg, qu'un seul homme de talent, M. Grass, qui reste encore un peu fidèle au sol natal.

Ce n'est pas à dire assurément que, hors de Paris, il ne se trouve encore un certain nombre d'artistes recommandables. Dieu me garde d'en dresser ici la liste ! j'aurais trop peur d'oublier quelqu'un des plus méritants parmi eux. Deux ou trois noms seulement viennent sous ma plume : c'est, par exemple, celui de M. Loubon, le peintre d'animaux si vrai, si pittoresque, si *local,* dont Marseille s'enorgueillit avec raison ; — celui de M. Cordouan, le spirituel peintre de genre de Toulon ; — celui d'un habile dessinateur paysagiste de Bordeaux,

M. Drouhin, — tous hommes de courage, dont le patriotisme local a su résister jusqu'ici aux attractions, aux éblouissements de la grande cité.

Quelques municipalités, jalouses de combattre cet appauvrissement intellectuel de la province, avaient eu la bonne idée d'emprunter à Paris des artistes en renom pour les mettre à la tête de leurs musées ou de leurs écoles. C'est ainsi, par exemple, que MM. Garneray et Bellangé furent successivement appelés à Rouen.

Mais ce sont là des mesures isolées qui ne peuvent avoir qu'une efficacité restreinte et toute partielle.

Puisque c'est le pouvoir central qui tient à la fois dans ses mains le contrôle suprême et tous les éléments d'encouragements sérieux, c'est à lui qu'incombe également le devoir de répartir, au plus grand profit de tous, les ressources dont il dispose.

Aujourd'hui, quel usage fait-il de ces ressources ?

Une grande école d'arts existe à Paris, une autre à Rome. D'anciens tableaux de maîtres sont achetés à des prix parfois exorbitants pour compléter notre galerie nationale du Louvre. Quelques commandes sont faites aux peintres vivants, ou bien leurs œuvres les plus remarquées sont achetées à la suite des expositions publiques; les meilleures d'entre elles trouvent place au musée du Luxembourg ou dans quelques palais impériaux; les autres vont orner les églises ou les musées de province. Enfin chaque année une somme considérable est répartie entre une phalange innombrable de solliciteurs, à qui l'administration accorde de loin en loin l'obole d'une copie mal payée.

Pour la sculpture, l'immense impulsion donnée depuis quelques années aux travaux publics a pu justifier une masse de commandes à peu près suffisante.

Quant à la musique, à l'art dramatique, Paris possède une école célèbre connue sous le nom de Conservatoire, et quatre ou cinq théâtres subventionnés.

Il y a du bon sans doute dans cette organisation ; mais elle est incomplète, et l'on peut surtout lui reprocher de ne point faire une suffisante part à la province.

Pourquoi le midi de la France n'aurait-il pas, lui aussi, son théâtre subventionné ? Pourquoi une autre grande école, un second Conservatoire ne serait-il pas établi au milieu de ces populations si heureusement douées sous le rapport musical ?

Le législateur, dans sa sollicitude éclairée, a voulu, par la création de nombreuses facultés des sciences ou des lettres, mettre l'enseignement supérieur à proximité de ceux qui ne pourraient l'aller chercher au loin. Pourquoi n'en serait-il pas de même, toutes proportions gardées, pour l'enseignement des beaux-arts ? Pourquoi de grandes écoles, convenablement dotées et placées sous la direction de grands artistes, ne seraient-elles pas établies dans quelques-uns de nos centres de civilisation les plus importants ?

Dans cette branche d'enseignement, l'État, concentrant tous ses efforts sur un seul point, s'est laissé devancer par la libéralité des villes. Lyon, Rouen et plusieurs autres métropoles industrielles ont sagement compris tout ce que l'industrie elle-même avait à gagner à l'enseignement de l'art pur, à cette étude classique de l'idéal où le goût se forme et s'élève, et d'où dérivent ensuite les plus brillantes applications. Mais les ressources locales ne sont pas suffisantes pour disputer à Paris ses premières célébrités. Quelle impulsion, cependant, donnerait à ces écoles la présence habituelle et l'enseignement d'un grand maître !

Ce que le gouvernement a fait de mieux, pour la vulgarisation de l'art, a été de répandre libéralement, entre toutes les écoles départementales, un nombre considérable de modèles en plâtre, moulés sur les plus célèbres chefs-d'œuvre de la statuaire antique.

Il devrait se montrer également prodigue des admirables gravures dont les planches appartiennent à la chalcographie du Louvre.

Enfin ne pourrait-il pas aussi concourir plus efficacement à la prospérité des musées départementaux, de ceux au moins qui en valent la peine par leur importance déjà acquise et par celle des localités elles-mêmes?

Plusieurs de nos musées de province sont, dès aujourd'hui, intéressants et très-riches. Ceux de Lyon, de Lille, de Rouen, de Bordeaux, de Montpellier, de Dijon et divers autres jouissent d'une célébrité parfaitement justifiée. Mais les chefs-d'œuvre de maîtres qu'ils possèdent s'y trouvent, presque toujours, d'ancienne date ou leur proviennent de la munificence particulière. D'habitude, ce que le gouvernement leur donne consiste à peu près uniquement en tableaux modernes d'une très-contestable valeur.

Pourquoi, réformant les abus de ce malencontreux système d'aumônes établi, sous prétexte de copies, à l'administration des beaux-arts, ne consacrerait-on pas une partie des fonds qu'il absorbe à l'acquisition de quelques vrais tableaux de maîtres destinés aux musées de province? Pourquoi encore, si l'on veut absolument persister dans le système des copies, ne donnerait-on point à un artiste de mérite, pour faire une seule bonne reproduction, ce qu'on distribue aujourd'hui à dix peintres sans talent pour faire dix reproductions moins satisfaisantes les unes que les autres?

Ce n'est pas une œuvre sans mérite qu'une copie bien faite. Allez voir celle du *Jugement dernier*, de Michel-Ange, à l'École des beaux-arts, celles des immortelles fresques de Raphaël au Panthéon. Par des copies ainsi faites, on popularise les œuvres du génie, et l'on propage les notions du beau.

L'enseignement de l'art industriel contribue certainement beaucoup, ainsi que j'espère le démontrer plus loin, à la supériorité de notre goût national. Mais rien ne saurait mieux le compléter qu'un enseignement classique supérieur, destiné à lui servir de base et de point de départ. C'est à l'administration centrale qu'il appartient d'y pourvoir. Elle seule, par de sages et intelligents sacrifices, peut créer les ressources indispensables, et placer à la tête de chaque grand centre de perfectionnement intellectuel, des hommes assez éminents pour que leur enseignement féconde les précieux germes obscurément enfouis sur tant de points de notre sol.

Aux générations qui s'élèvent, l'État doit des maîtres et des modèles ; aux talents déjà mûris de la génération présente, il doit une protection toute particulière, lorsque, dans leur généreux désintéressement d'artistes, ils savent rester fidèles au sol où Dieu les a fait naître.

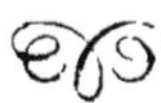

IX

DE L'ENSEIGNEMENT DE L'ART INDUSTRIEL

IX

DE L'ENSEIGNEMENT DE L'ART INDUSTRIEL.

Conditions particulières de l'art industriel. — Nécessité de spécialiser son enseignement. — Son état actuel. — Améliorations dont il est susceptible. — Exemple de ce qui se fait en Angleterre.

L'art trouve sa place un peu partout. Depuis l'orfévrerie aux fines ciselures, depuis la sculpture en bois si adroitement ressuscitée par nos modernes ébénistes, jusqu'à la plus misérable indienne, jusqu'au papier peint à six sous le rouleau, il n'y a guère de produits manufacturés qui ne portent jusqu'à un certain point l'empreinte du goût, et par conséquent de l'éducation artistique du fabricant.

Le goût s'acquiert par la vue habituelle des

grands modèles. L'éducation, possible mais toujours lente et laborieuse lorsqu'elle ne procède que des efforts et de l'observation personnels, l'éducation devient au contraire prompte et facile et se généralise sans peine par le fait d'un enseignement spécial.

Il y a sans doute des races plus heureusement douées les unes que les autres. Sans trop de vanité, nous pouvons nous féliciter des heureux dons que la nôtre a reçus en partage. Mais, — je l'ai déjà dit, et je le répète avec conviction, — l'habituelle fréquentation des chefs-d'œuvre de toutes les époques, rendus depuis longtemps accessibles aux masses, n'a pas peu contribué chez nous au développement de ces précieuses qualités. Paris surtout s'en est ressenti ; aussi ses produits ont-ils acquis, sous le rapport du goût, une réputation européenne.

Nous aurions tort cependant de nous endormir dans une fausse sécurité, résultant du sentiment, si légitime qu'il soit, de notre prééminence. En présence des dangereux émules qui de toutes parts surgissent autour de nous, les bons modèles ne suffisent plus ; il faut y joindre, si nous voulons maintenir notre supériorité, un enseignement spécial établi sur les bases les plus larges. Déjà depuis longtemps on y a pourvu, je le sais, dans une certaine mesure. Mais ce qui existe ne suffit pas, et, faute de spécialiser assez, l'enseignement actuel, si excellent qu'il soit, ne répond qu'imparfaitement à son but.

Bien que dérivant toujours des types suprêmes fournis par la nature, l'art, dans ses applications à l'industrie, est soumis à des lois particulières dont il est important de tenir grand compte. Dans l'art industriel, les règles de la composition sont toutes spéciales. La symétrie, l'égale et harmonieuse répartition des couleurs, lui sont presque toujours forcément imposées.

S'il s'agit de plastique, le plus ou moins d'éclat de la matière employée veut que les reliefs aient plus ou moins de saillie.

S'il s'agit d'images figurées, le plus ou moins de transparence de la matière peinte exige des contours plus ou moins accusés.

Tantôt le dessin, dénué des ressources de la perspective, ne se présentera que sous forme d'une simple silhouette.

Tantôt, perdu dans la trame même d'un tissu, ses contours devront, bon gré mal gré, assouplir leur rigidité normale selon la nature de l'étoffe.

Aussi peut-on dire que, à peu d'exceptions près, il n'y a de bons modèles à reproduire en industrie que ceux qui ont été composés tout exprès.

Pour avoir méconnu cette vérité, les plus célèbres manufactures ont trop souvent produit des œuvres indignes d'elles.

Sèvres, avec tout le talent de ses peintres, n'aboutissait qu'à de pénibles déconvenues, lorsque, il y a une vingtaine d'années, on s'y amusait à copier sur verre des Vierges de Prudhon. Jamais, en reproduisant de semblables tableaux, et même jamais en demandant des cartons à des hommes supérieurs mais non spéciaux, Sèvres n'a pu produire un vitrail comparable à ceux que des artistes spéciaux, tels que M. Steinheil, par exemple, ont fait produire à l'industrie privée.

Beauvais, une autre des gloires de notre industrie, Beauvais, après avoir trop longtemps dépensé des trésors d'habileté et de patience à copier en tapisserie les classiques bouquets de fleurs de Van Spaendonk, ne s'est relevé au niveau de son ancienne splendeur que lorsqu'enfin, grâce à une intelligente direction, on y est revenu au véritable style décoratif, si ingénieusement traité par M. Chabal-Dussurgey.

On m'objectera peut-être l'exemple des Gobelins, qui, dans leur meilleur temps, reproduisaient en tapisserie les batailles d'Alexandre, d'après Lebrun. Mais d'abord ces œuvres pompeuses du siècle de la pompe par excellence n'étaient-elles pas elles-mêmes de la décoration au moins autant que de la vraie peinture d'histoire? Et puis oublie-t-on avec quel soin merveilleux Lebrun lui-même appropriait ses œuvres aux exigences de la tapisserie, en restreignant encore ses fonds déjà étroits par des bordures du plus habile agencement?

Les grands artistes qui ont travaillé directement pour l'industrie ne s'y sont jamais trompés : l'art industriel est, avant tout, de la décoration.

Il lui faut donc un enseignement spécial.

Cet enseignement existe en quelques endroits : à Paris, à Rouen, à Lyon, à Bordeaux, à Nîmes, à Grenoble, à Toulouse et en Alsace, si je ne me trompe. Mais dans quelles conditions existe-t-il le plus souvent?

A la tête de l'école figure un artiste recommandable, peintre de batailles, de portraits ou d'animaux, n'importe lequel, mais en général fort étranger à la décoration.

Là, on vous apprend à dessiner d'après la bosse, d'après la nature vivante, seule véritable école du modelé; on vous donne d'utiles notions de géométrie et de perspective; en votre qualité de Français, on vous donne une teinture d'architecture grecque ou romaine, et, sous prétexte d'ornementation, on vous fait copier un certain nombre d'oves ou de feuilles d'acanthes, et tracer les épures plus ou moins pures de quelques vases antiques.

Tout cela est excellent, je n'en disconviens pas; mais c'est insuffisant. Cela peut réussir à former quelques modestes ornemanistes, quelques sculpteurs en sous-ordre dont malheureusement les prétentions dépassent trop souvent le talent; mais cela ne formera jamais un décorateur proprement dit, cela ne développera jamais les qualités inventrices et originales de la jeunesse industrielle.

Ce que je dis là est si évident, on l'a si bien senti que déjà quelques écoles sont entrées dans une voie meilleure.

Celle de Paris, grâce au zèle éclairé de son habile et vénérable directeur, M. Belloc, a, l'une des premières, montré l'exemple. A l'enseignement oral, les professeurs joignent un enseignement graphique éminemment utile, puisqu'il pose toujours l'exemple à côté du précepte. L'étude libre de la nature y est encouragée par de fréquents concours où les élèves livrés à eux-mêmes apprennent à grouper des figures ou des plantes, toujours en vue d'une application donnée. Enfin tout est mis en œuvre pour assurer à cet enseignement l'utilité pratique qui doit être son caractère propre. De grands résultats ont déjà été obtenus ainsi, et, en présence des compositions vraiment remarquables de quelques-uns de ces élèves encore imberbes, on n'éprouve que le regret de voir donner si peu d'encouragement à des talents si pleins d'avenir.

Mais ce ne sont là encore que des études d'un caractère pour ainsi dire général.

Dans un grand centre comme Paris, où l'enseignement doit répondre à tant de spécialités diverses, je voudrais qu'à ces cours dont l'utilité est assurément incontestable, on joignît des classes spéciales sous la direction des hommes spéciaux les plus éminents : — une classe de ciselure, par exemple, sous la direction de Vechte ou des Fannière; — une classe de dessin *industriel* des plantes, non point sous la direction d'un paysagiste ordinaire, mais bien sous celle d'un de ces hommes qui, comme M. Chabal ou M. Biéry, ont fait de la nature végétale une étude spéciale au point de vue de la décoration. — Et, pour complément, je voudrais qu'aux élèves qui se distinguent le plus dans les concours, on accordât, comme récompense exceptionnelle, la satisfaction d'exécuter eux-mêmes, autrement qu'en terre glaise, les compositions artistiques par eux conçues.

Un conseil composé d'artistes et d'industriels éminents dans toutes les branches, pourrait être utilement chargé de la surveillance de cet enseignement tout spécial, placé, dans son ensemble, sous la direction de quelque grand décorateur comme M. Séchan, ou comme M. Diéterle qui a si bien fait ses preuves pendant son court passage à Sèvres.

A Paris, les applications de l'art à l'industrie sont, pour ainsi dire, sans nombre. Dans les départements, c'est autre chose. Chaque ville a son industrie; l'enseignement doit y être encore plus spécialisé.

L'initiative locale a déjà produit, sous ce rapport, quelques résultats excellents. Je n'en veux citer pour exemple que l'école industrielle de Nîmes, établissement déjà ancien et particulièrement consacré au dessin des châles et des étoffes de soie.

Mais ce sont là des tentatives isolées, dont le nombre trop restreint et l'évidente insuffisance doivent frapper tout le monde, si on les compare au prodigieux développement que l'enseignement de l'art industriel a pris depuis quelques années en Angleterre, aux résultats qu'il y a produits.

Les chiffres ont leur éloquence : trente mille élèves en 1855, et *plus de quatre-vingt mille* en 1859, fréquentaient chez nos voisins les écoles d'art industriel [1]; merveilleux progrès obtenu à bien peu de frais, puisque la subvention de l'État ne s'élève pas, *en tout*, à plus de cent quarante mille francs par an. Il est vrai que, de l'autre côté de la Manche, l'industrie, comme tout le monde, a l'habitude de faire ses affaires par elle-même, et que, depuis longtemps, le système de l'association est accoutumé à y réaliser des prodiges.

Les Anglais ont très-bien compris que l'enseignement purement théorique en matière

1. Je me permets d'emprunter ce renseignement et plusieurs autres à l'excellent travail récemment publié par M. H. de Triqueti dans la *Revue nouvelle*.

d'art ne pouvait conduire absolument à rien, qu'il fallait des modèles. Londres, sans doute, a de riches collections ; mais ses musées, comme ceux de Paris, ne peuvent servir qu'à la population même de la capitale, ou très-accidentellement aux voyageurs, de sorte qu'en Angleterre comme en France, la province se trouvait réduite à de simples moulages ou de pâles copies.

De plus, nos voisins, qui sont des gens éminemment pratiques, comprirent également que la simple vue des grandes œuvres de l'art est un enseignement trop indirect pour former à elle seule le goût, et fertiliser l'imagination d'industriels tels que des ébénistes, des serruriers ou des fabricants d'étoffes ; et qu'une collection bien choisie d'objets usuels ou mobiliers de tous les temps et de tous les pays devait atteindre ce but bien plus sûrement. Nous-mêmes, n'en avons-nous pas chez nous la preuve par le musée de Cluny, que nos ouvriers parisiens fréquentent, chacun le sait, aussi assidûment et aussi utilement peut-être que les galeries du Louvre ?

Les Anglais donc résolurent de se donner quelque chose du même genre, et, sous l'impulsion du prince Albert, dont le nom se rattache à tant de fondations utiles, il se forma bientôt un nouveau musée, celui de South-Kensington, qui, grâce à douze cent mille francs habilement dépensés, a pu atteindre, en moins de vingt ans, un degré de splendeur fort remarquable.

Le but même de sa fondation était de le faire contribuer spécialement à l'enseignement de l'art industriel.

Mais un établissement immobile de sa nature n'eût rempli qu'imparfaitement ce but. Londres, encore une fois, en eût seule recueilli les profits.

De là surgit l'idée hardie, étrange au premier abord, mais justifiée par le succès, de faire voyager ce musée par fractions importantes, de ville en ville et d'école en école; — et cette idée fut mise aussitôt en pratique.

Un nombre indéfini de modèles de tous les genres, de tous les temps et de tous les pays, sans cesse renouvelés, est ainsi mis à la disposition des élèves. Et puis (comme en Angleterre, le génie de la spéculation ne perd jamais complétement ses droits), on profite habituellement de l'occasion pour livrer tous ces objets à la curiosité publique, moyennant une légère rétribution dont le produit entre en déduction de la dépense.

Si extraordinaire que cela puisse paraître, les accidents provenant d'aussi fréquents transports sont presque insignifiants. Quant au profit que l'enseignement peut tirer de cette abondance, de cette variété infinie de modèles, il tombe sous le sens.

Le même système pourrait-il être mis en pratique chez nous? Je n'oserais l'affirmer. Il vaut cependant la peine d'être étudié.

Mais ce que nous pourrions et devrions surtout emprunter à l'Angleterre, c'est son esprit pratique, qui, dans l'enseignement comme dans toute autre chose, cherche le côté vraiment utile et applicable.

Chez nous, c'est le côté brillant qui l'emporte trop exclusivement.

Si notre imagination avait cet utile contrepoids, le pavé de Paris serait un peu moins encombré de gens à vocations manquées.

On s'imagine beaucoup trop facilement que les *fruits secs* de l'École des beaux-arts constituent encore de très-précieuses recrues pour l'industrie. C'est là une grande erreur. Un décorateur nourri de fortes études peut devenir un habile artiste ; mais jamais un artiste sans talent ne deviendra un habile décorateur.

Le seul moyen vraiment efficace de préparer à l'industrie une pépinière de sujets capables, c'est, encore une fois, de spécialiser de plus en plus l'enseignement et d'en confier la direction à des hommes spéciaux.

X

DES ENCOURAGEMENTS AUX ARTS, AUX LETTRES ET AUX SCIENCES

X

DES ENCOURAGEMENTS AUX ARTS, AUX LETTRES ET AUX SCIENCES.

Dotation insuffisante des musées et des bibliothèques. — Vices du système financier qui leur est imposé. Secours et pensions. — Souscriptions et publications d'ouvrages d'art. — Missions scientifiques, artistiques ou littéraires.

Les beaux-arts sont la gloire d'un grand règne; on l'a dit bien souvent, et, pour être un peu banal, ce dicton n'en est pas moins juste. Il est évidemment fort désirable pour un prince, si haut placé qu'il soit, de voir tous les plus grands talents de son époque travailler d'un commun accord à immortaliser son règne. Combien de grandeurs monarchiques n'ont vécu que de cela! Où en serait, je le demande, la gloire de Léon X ou celle de François Ier, si on leur retirait ce genre de prestige?

Mais ce qui me paraît non moins vrai et d'un intérêt bien plus général, c'est que la culture des beaux-arts, des sciences et des lettres est, en quelque sorte, l'élément indispensable de la gloire d'un grand peuple. Je dis sa gloire, et non pas sa puissance. Un peuple, en effet, peut bien être puissant par sa force brutale, à la façon des Vandales ou des Huns; mais il n'est réellement grand que par son intelligence. Or, cette intelligence, source première de toutes les grandeurs, un bon gouvernement doit la diriger, la soutenir, la féconder au moyen de sages et généreux encouragements.

Sous ce rapport, la France fait-elle assez et fait-elle bien? — Voilà la question.

Elle fait, tout à la fois, trop et trop peu. — Voilà ma réponse.

Prodigue et parcimonieuse en même temps,

elle sacrifie trop à ce qui brille et pas assez à ce qui dure.

Chez nous, les danseuses s'enrichissent et les savants végètent.

On bâtit des palais d'un luxe inouï pour les musées et les bibliothèques; mais on laisse dans la pénurie les collections qu'ils renferment.

Examinez un peu le budget de nos grands établissements scientifiques ou littéraires.

Qu'y trouve-t-on le plus souvent?

Une large part faite au personnel administratif, aux frais de bureau, au matériel de tout genre; et puis une part honteuse à force d'insuffisance faite aux acquisitions d'objets d'art, de science ou d'érudition.

On dirait véritablement que, dans une bibliothèque ou un musée, les livres ou les tableaux ne soient que d'insignifiants accessoires

Aussi la France est-elle aujourd'hui fortement menacée de cet affront, que nos collections les plus justement célèbres soient prochainement surpassées par celles des pays voisins.

Comment voulez-vous que la lutte tourne à notre avantage dans les conditions actuelles?

La bibliothèque du Musée britannique, pour ne prendre que cet exemple, dispose chaque année d'un budget de cinq cent mille francs environ pour acquisitions de livres et reliures. A Paris, la Bibliothèque impériale peut à peine consacrer cinquante mille francs aux mêmes objets. La conséquence en est facile à prévoir : toutes les raretés vont à Londres; la grande bibliothèque anglaise s'enrichit de toutes les publications artistiques, scientifiques et littéraires que produisent les différents pays du monde, tandis que ces mêmes publications restent inconnues et introuvables à Paris. La plupart des ouvrages de luxe publiés en France y manqueraient bientôt eux-mêmes, s'il n'y était gratuitement pourvu par le dépôt légal.

Inutile de dire que les autres collections annexées à la Bibliothèque de la rue de Richelieu ne sont pas mieux partagées. A peine les manuscrits, le cabinet des estampes et celui des antiques ont-ils, entre eux tous, à dépenser en acquisitions une somme égale à celle qui est affectée aux livres. Et cela, en présence de l'ardente compétition qui a lieu dans toutes les ventes, de la part non-seulement des gouvernements étrangers, mais aussi des simples particuliers, — quand tous les jours des manuscrits se vendent jusqu'à dix et douze mille francs, — quand le moindre objet d'art ou d'antiquité est disputé au poids de l'or.

Il n'y a certainement pas à Paris une seule collection particulière de quelque importance dont le possesseur ne consacre, chaque année, à des acquisitions une somme plus considérable que le maigre budget de plusieurs de nos établissements publics.

Voyez, par exemple, le musée de Cluny, cette collection si justement populaire des objets d'art du moyen âge. Savez-vous à combien s'élèvent ses fonds d'acquisitions et d'entretien? — A dix mille francs par an ! — Quel est donc l'amateur qui songerait à former un cabinet de curiosités, s'il ne pouvait y consacrer qu'une si misérable somme?

Je ne dis rien du Louvre. Il vit actuellement aux dépens de la liste civile, qui peut à son gré restreindre ou augmenter ses largesses, et, par conséquent, il serait difficile d'apprécier ses ressources d'après les bases d'un budget régulier. Je ne puis parler que du temps où le Louvre se trouvait encore sur le même pied que les autres établissements de l'État. Rien alors n'était plus dérisoire que sa dotation. C'était, si j'ai bonne mémoire, cent mille francs tout au plus consacrés aux acquisitions pour les musées de peinture, de dessin, de sculpture, pour la chalcographie, les antiquités grecques et romaines, égyptiennes, assyriennes, les musées ethnographiques, de marine, etc.

Que voulez-vous qu'on fasse avec cela?

L'insuffisance des dotations est telle qu'au musée l'acquisition de deux ou trois tableaux, à la bibliothèque l'acquisition d'un petit lot de manuscrits, suffisent pour absorber pendant une année toutes les ressources des divers départements dont se compose chacun de ces deux établissements. Aussi est-ce en dehors des limites du budget normal qu'il faut chercher des ressources, toutes les fois que se présente l'occasion d'un grand marché. Tantôt, comme en 1849, lors de la vente du roi de Hollande, c'est aux représentants naturels de la fortune publique qu'on demande un crédit supplémentaire ; tantôt, et sous un autre régime, c'est le souverain lui-même qui, cédant à un dangereux entraînement, dote le Louvre de quelque exorbitant chef-d'œuvre, comme la fameuse Vierge de Murillo ; ou bien, dans des limites plus raisonnables, de quelque belle collection, comme les premières antiquités rapportées de Chine par M. de Montigny.

C'est impossible autrement. Si l'on s'en tenait aux voies et moyens du budget régulier, nos musées seraient descendus depuis longtemps à un rang tout à fait secondaire.

Enfin, on ne saurait trop le répéter, le régime financier imposé aux grands établissements publics complique encore cette situation. Par respect pour les routinières exigences de la comptabilité administrative, les commissions de finances se sont toujours inflexiblement opposées à ce que les crédits non employés pussent être reportés d'une année sur l'autre. Ce qui reste disponible en fin d'exercice doit invariablement faire retour au trésor. Telle est la règle.

Or, que résulte-t-il de cette absurde doctrine ?

Plutôt que de renoncer à une partie quelconque du crédit qui leur est alloué, les administrations se font une loi de l'employer à tout prix. L'année se passera-t-elle sans qu'il se présente la moindre occasion d'acquérir un chef-d'œuvre? eh bien ! on achètera, en son lieu et place, quelques douzaines d'œuvres médiocres; mais surtout, on se gardera bien de rien rendre, et cela avec grande raison, car les aligneurs de budget ne manqueraient pas de s'en prévaloir pour chercher à diminuer d'autant les fonds alloués l'année suivante.

Ce système, on le comprend, ne tend à rien moins qu'à tuer chez les administrateurs de nos grandes collections tout sentiment d'économie et de judicieuse épargne. Elle les pousse à dépenser bien ou mal, n'importe comment, mais à dépenser toujours. Ainsi le veulent les grands docteurs de la finance.

Admettez, au contraire, la réversibilité. Supposez que les reports d'un exercice sur l'autre fussent autorisés par les lois de finances. Qu'arriverait-il?

Évidemment alors les acquisitions ne se feraient plus qu'en proportion des besoins réels et des occasions favorables qui pourraient se présenter. Sur un crédit de 50 000 fr., les gardiens d'une grande collection ne trouveraient-ils à en dépenser utilement que 30 000 dans le courant d'une année, les 20 000 autres seraient mis en réserve pour l'année suivante; et, par contre, si l'année suivante il se présentait une importante acquisition dont la valeur dépassât celle du crédit annuel, la même collection pourrait, le plus souvent, y faire face sans avoir recours à des ressources exceptionnelles et sans sortir des voies ordinaires de son budget. L'épargne, dans certains cas, pourrait ainsi finir par créer une véritable dotation au profit de nos grands établissements publics.

Mais j'oubliais que la science financière ne veut pas davantage des dotations spéciales ; n'en parlons donc plus. Aussi bien je m'égare sur un terrain qui n'est pas le mien. Voilà que je parle finances, quand c'est exclusivement aux arts que mes *Causeries* doivent être consacrées.

Je ne suis pourtant pas si loin de mon sujet que j'en ai l'air. Il s'agit de venir en aide aux arts, aux lettres et aux sciences, et (il faut bien le reconnaître, si prosaïque que cela soit), le vil métal est au bout de tous les encouragements. Qu'ils se traduisent par des commandes, des missions, des secours aux individus, ou par des acquisitions destinées à enrichir les collections publiques, c'est toujours en écus qu'ils se soldent. Donc, il y a tout intérêt pour les artistes à ce que les fonds que leur destine la munificence de l'État soient administrés de la façon la plus productive.

Comme règle de bonne administration, je crois mieux entendu et plus utile d'encourager les arts que les artistes eux-mêmes. Ce ne sont pas les secours, les petites commandes et les pensions qui font les grands artistes. A tous ceux qui se destinent aux arts, offrez les ressources de l'enseignement le plus large, les plus beaux modèles, les plus riches collections sans cesse ouvertes à l'étude, d'excellentes écoles gratuites se chargeant même de l'entretien des meilleurs élèves. Aux talents déjà éprouvés assurez de belles commandes, de grands travaux généreusement rétribués. Vous aurez fait, soyez-en convaincus, ce qu'il y a de plus utile aux arts et aux artistes vraiment dignes de ce nom; et si, en restreignant ainsi vos encouragements, vous avez dégoûté quelques jeunes hommes sans vocation de la triste carrière où ils allaient s'engager, soyez également certains que vous leur aurez rendu le plus souvent un signalé service.

Je ne suis pourtant pas de ceux qui poussent les choses à l'extrême. Je ne m'élève pas systématiquement contre toute espèce de secours personnels. Je reconnais, au contraire, qu'il en est qu'on ne saurait supprimer sans inhumanité et pour ainsi dire sans déni de justice. Après avoir habitué toute une cohorte d'artistes à vivre des miettes du budget, personne n'oserait conseiller d'enlever brusquement cette ressource à des hommes déjà trop avancés dans la vie pour chercher leurs moyens d'existence dans d'autres occupations. Je crois le système mauvais; toutefois, je suis le premier à le reconnaître, ce n'est que progressivement qu'on peut le modifier.

A plus forte raison doit-on admettre le soulagement donné, sous forme de secours éventuels ou de pensions, à de grandes infortunes non méritées. Mais là surtout il faut savoir se restreindre, et ne pas prodiguer un genre de faveurs que des circonstances exceptionnelles peuvent seules justifier.

Les artistes, les littérateurs, ne sont aucunement dans la même situation que les militaires ou les fonctionnaires de l'ordre civil.

Le militaire, par exemple, qui a consacré toute sa vie à servir son pays dans un métier où l'on court plus de mauvaises chances qu'on n'amasse de richesses, reçoit, au moment où il quitte le service, une pension proportionnée au grade que son mérite lui a fait atteindre. Ce n'est là que rigoureuse justice.

Le fonctionnaire civil, à qui également ses fonctions n'ont guère laissé l'occasion de faire fortune, et qui, pendant tout le cours d'une vie exclusivement consacrée au service de l'État, n'a cessé de subir d'onéreuses retenues, le fonctionnaire reçoit également une pension au moment de sa retraite. Ce n'est là encore qu'un véritable règlement de compte, une chose due.

Mais en est-il de même pour l'artiste, pour le littérateur, qui, toute leur vie, ont travaillé plus ou moins lucrativement, sans jamais subir la moindre retenue sur leurs profits? — Évidemment non. — Ici la pension n'est qu'un acte de pure munificence de l'État. Or, pour justifier cette munificence, je ne vois que deux motifs: un talent assez éclatant pour avoir notablement contribué à la gloire du pays, ou bien des malheurs exceptionnels.

Mais, d'ordinaire, les artistes d'un assez grand talent pour qu'on puisse les regarder comme des gloires nationales, ne traversent guère la vie sans réaliser des bénéfices qui leur rendent les secours pécuniaires de l'État très-superflus. A ceux-là on doit des honneurs et non des rentes. On fait très-bien, dans un intérêt public, d'acheter leurs œuvres ce qu'elles valent; mais on va trop loin lorsqu'on les loge et qu'on les pensionne.

De même pour les littérateurs, sauf quelques rares exceptions. N'y a-t-il pas d'ailleurs pour ceux-ci une foule de places de professeurs ou de bibliothécaires, bien rétribuées et faciles à remplir, qui, tout à la fois pour ceux qui donnent et pour ceux qui reçoivent, valent infiniment mieux que les pensions?

Les savants proprement dits ont plus besoin, je l'avoue, de l'appui du gouvernement. Leurs travaux, souvent dispendieux, sont rarement lucratifs. La science théorique n'a jamais, que je sache, enrichi ses adeptes, et nous en connaissons plus d'un qui ont vieilli et sont morts dans un état voisin de la misère.

Je ne puis parler de ce sujet sans me rappeler toujours un de mes anciens camarades, Laurent, chimiste éminent et novateur hardi, dont les idées, hélas! n'ont commencé à faire leur chemin dans le monde qu'après la mort prématurée de leur auteur. Moins pauvre, Laurent fût devenu peut-être un homme de génie; mais, pendant bien longtemps, il lui a manqué le pain pour vivre et un laboratoire pour travailler. Que ne faisait-il des vaudevilles? il se serait enrichi.

Les hommes qui se vouent à ces carrières ingrates au point de vue de la fortune auraient donc, plus que d'autres, des droits à l'assistance de l'État. Mais ici encore, ici même, ce n'est pas sous forme de pensions que je voudrais que cette assistance se produisît. Au jeune sculpteur qui promet, l'État donne un bloc de marbre. Pourquoi ne fournirait-il pas également un laboratoire au jeune chimiste, des instruments au jeune physicien, au jeune astronome qui donnent un égal espoir? Il n'y a de vraiment difficile que les débuts. Le jour où ces mêmes hommes auront conquis leur place définitive dans la science, d'autres encouragements, d'autres honneurs viendront tout naturellement récompenser leurs utiles travaux : l'Institut, le Collége de France, l'Université, le Bureau des longitudes, le Jardin des plantes leur ouvriront leurs portes avec tous les bénéfices d'une inamovibilité consacrée au moins par l'usage.

C'est ainsi que l'État doit venir en aide aux vrais savants. Un acte de munificence gratuite ne saurait les honorer autant que la juste rétribution de leurs services.

Que le gouvernement réserve donc ses pensions et même ses secours éventuels aux savants, aux littérateurs et aux artistes frappés de malheurs exceptionnels, et surtout à ces malheureuses veuves, à ces pauvres enfants qui ne recueillent souvent d'autre héritage que la gloire d'un nom lourd à porter.

Pour certaines catégories d'hommes de lettres, d'érudits et d'artistes, il est un autre genre d'encouragements, non-seulement utiles, mais je dirais presque indispensables, qui demandent toutefois à être répartis avec beaucoup de discernement : je veux parler de la publication des grands ouvrages d'art, d'histoire ou de science.

La plupart de ces œuvres importantes ne pourraient jamais voir le jour si le gouvernement n'intervenait soit par de larges souscriptions, soit en faisant lui-même les frais du livre.

C'est à M. Guizot que remonte l'honneur d'avoir régularisé ce genre de subventions, dont le principe est excellent.

Dans l'application, il y aurait encore beaucoup à dire. Je ne parlerai pas seulement de la faveur abusivement accordée à plus d'un ouvrage peu digne peut-être d'avoir part aux subventions de l'État : en pareille matière, les appréciations peuvent différer. Mais ce que je me permettrai de critiquer, c'est le manque de plan de certaines publications entreprises par le gouvernement, et surtout le luxe très-exagéré déployé pour la plupart d'entre elles.

Les Anglais sont, à cet égard, beaucoup plus pratiques que nous. Quand il le faut, ils ne reculent pas devant le luxe des planches;

mais, pour des détails d'une importance secondaire, ils se contentent, avec beaucoup de raison, de bois intercalés dans le texte, et savent presque toujours se renfermer dans un format commode, usuel et infiniment moins dispendieux, que nos somptueux et impraticables in-folio.

Jusqu'ici, parmi les publications du gouvernement français, quelques-unes seulement ont été faites dans ce système, et l'on s'en est fort bien trouvé. Je citerai comme exemple l'excellent traité de M. Albert Lenoir sur l'*Architecture monastique*, ouvrage d'une utilité beaucoup plus pratique que la plupart des œuvres de grand luxe publiées sous les mêmes auspices.

Le crédit consacré aux encouragements de cette nature peut être consideré comme suffisant. Mais il est évident que, sans en augmenter le chiffre, on les rendrait bien plus productifs si l'on renonçait, toutes les fois qu'il n'est pas vraiment utile, à un luxe d'édition exagéré et singulièrement dispendieux.

Enfin, un des modes d'encouragements les plus utiles dont puisse disposer le gouvernement consiste dans les missions. Nul autre n'offre un plus noble aliment, une émulation, un stimulant plus énergiques à l'intelligence des savants, des érudits et des artistes; nul autre ne peut avoir des résultats plus immédiatement utiles à la science.

Dans toutes les branches des connaissances humaines, le champ des découvertes est pour ainsi dire sans limites. Mais s'il y en a qui procèdent directement du hasard ou du génie; d'autres, au contraire, ne peuvent naître que d'un concours de circonstances, d'un ensemble de ressources dont les gouvernements disposent à peu près exclusivement.

Un astronome, du fond de son observatoire, peut découvrir une planète; mais il faut des expéditions lointaines et coûteuses sur les points du globe les plus variés, pour déterminer exactement le pôle magnétique, pour observer tous les phénomènes de la lumière à la faveur des éclipses totales, pour étudier la température des mers, etc., etc.

De même, il faut non-seulement des hommes dévoués, de hardis pionniers de la science, mais aussi des dépenses considérables pour aller, jusqu'aux extrêmes limites du monde connu, chercher la solution des grands problèmes de la géographie, pour pousser d'audacieuses reconnaissances jusque dans les mers polaires, jusqu'au centre de l'Afrique ou de l'Australie.

De même encore, il faut d'abondantes ressources matérielles et un grand appui moral à l'archéologue, à l'artiste, qui veulent aller disputer aux sables de l'Égypte, de la Nubie ou de l'Asie Mineure, les monuments enfouis de la civilisation égyptienne ou du grand art des Assyriens.

En présence de pareilles entreprises, l'effort individuel reste impuissant. C'est aux gouvernements qu'il appartient de les accomplir, ou tout au moins de les rendre possibles.

On l'a senti partout. L'Allemagne, à l'envi de l'Angleterre, a fourni son large contingent à la courageuse phalange des missionnaires de la science, et aujourd'hui nos voisins continentaux et insulaires semblent seuls destinés à révéler au monde les mystères de cette Afrique centrale dont notre compatriote Caillé fut un des premiers à ouvrir les voies.

L'Angleterre encore, et les États-Unis, ont eu, sans nous, la gloire de résoudre enfin le problème du passage nord du continent américain.

L'Angleterre, encore et toujours, s'est trouvée avec nous et après nous à Ninive, pour achever des découvertes et des conquêtes que nos courageux savants avaient dû laisser incomplètes, faute de ressources suffisantes.

Qu'est-ce, en effet, que la misérable somme portée au budget pour les missions, si l'on se rend compte des trésors sans nombre sur la trace desquels nous a mis la science? les plus beaux monuments de l'antiquité à étudier, à dégager de la gangue dont les ont recouverts quinze siècles de barbarie, les archives encore inexplorées de vingt peuples divers à dépouiller au profit de notre histoire, les plus grands phénomènes de la nature à observer, nos collections à enrichir de chefs-d'œuvre ou de produits naturels dont, jusqu'ici, l'existence est à peine soupçonnée....

Quel plus noble but le gouvernement peut-il offrir à l'émulation des artistes et des savants? quelle meilleure occasion peut-il leur fournir de s'illustrer personnellement en illustrant le nom français? quel encouragement plus utile à l'État lui-même peut-il leur donner, et par conséquent quel meilleur usage peut-il faire des deniers publics?

On doublerait, on triplerait le fond attribué aux missions que cela serait à peine assez.

Résumons-nous.

Dans l'état actuel, le gouvernement fait certainement beaucoup pour les arts, pour les lettres et pour les sciences. Mais un grand pays comme la France doit faire plus encore, s'il veut rester à la tête de la civilisation.

L'enseignement se donne largement et libéralement. Mais nos grandes collections ne sont pas suffisamment dotées; elles déclineraient même promptement, si l'on continuait à se montrer aussi parcimonieux envers elles.

Les fonds de secours sont suffisants peut-être; mais leur emploi, mal réglé, reste infructueux pour l'art. A quoi le véritable remède serait un changement de système tendant à développer uniquement les vocations réelles, et à faire avorter, dès le début de leur carrière, toutes ces fausses vocations dont la stérile concurrence ne fait qu'encombrer la voie au vrai mérite.

Les pensions ne peuvent être abolies en principe; mais elles doivent être réservées pour des infortunes exceptionnelles. A ceux qui peuvent vivre du fruit de leurs labeurs, il est toujours plus utile à l'État, plus honorable et plus moral, d'offrir l'assistance sous la forme de rémunération de services rendus.

Les souscriptions, les publications d'œuvres d'art ont une utilité incontestable. Mais, au prix des sacrifices qu'il s'impose, l'État pourrait obtenir des résultats plus considérables, s'il donnait moins au luxe et plus à l'utilité.

Enfin, de tous les genres d'encouragements, les missions étant le plus productif pour les arts, les lettres et les sciences, le plus enviable pour les hommes de valeur à qui elles peuvent être confiées, rien ne saurait être plus profitable à l'État et à ceux qu'il veut encourager que de donner un grand développement à ce service.

Rappelons-nous-le bien : c'est par ce que produisent les arts ou les sciences dans un pays qu'on peut apprécier la valeur des encouragements qui leur sont donnés.

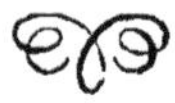

XI

DE L'OPINION PUBLIQUE EN MATIÈRE D'ART

XI

DE L'OPINION PUBLIQUE EN MATIÈRE D'ART.

Sa puissance reconnue par tous. — De la valeur de ses jugements. — Difficulté de constituer un jury équitable. — Expédient proposé.

. C'est une rude tâche que celle du jury chargé de distribuer les récompenses à la suite des expositions. Pour un satisfait, combien de mécontents ne fait-il pas? Et combien d'amours-propres blessés prennent alors modestement le nom de *mérite méconnu.*

A parler franchement, il n'y a pas au monde de justiciables plus récalcitrants que messieurs les artistes. Jury et critique sont également impuissants à leur faire accepter avec résignation un arrêt défavorable.

Je ne les en blâme pas, du reste. Il doit en être ainsi : on n'est vraiment artiste que lorsqu'on a une certaine foi en soi-même. Tout ce qu'on peut demander, c'est que l'arrogance et une sotte vanité ne prennent pas la place de la noble fierté et de la foi de l'artiste.

La seule juridiction que révèrent ces messieurs, la seule dont ils ne médisent qu'entre eux dans leurs moments d'humeur noire, est celle du public. On ne se soumet aux autres que pour arriver à celle-là. On ne subit le jury que parce qu'il a le solennel privilége d'ouvrir les portes de la publicité. On ne subit, on ne sollicite les jugements parfois bien arbitraires de la critique que dans l'espoir de voir attirer par elle l'attention publique sur ses œuvres.

Du reste, reconnaissons-le à l'honneur des artistes, il y a là autre chose qu'un intérêt de lucre; il a plus que l'espérance de bien vendre ses tableaux : il y a celle d'arriver à la renommée, que la voix publique dispense seule d'une manière durable.

La critique peut éclairer l'opinion, la guider jusqu'à un certain point; mais cependant elle ne lui dicte pas ses arrêts aussi facilement qu'on croit.

Les artistes le savent bien. Aussi, je le répète, n'est-ce que dans le secret de l'atelier et dans leurs moments de plus rudes déboires qu'ils se permettent d'énergiques apostrophes à l'adresse de cet *imbécile de public* qui n'a pas su leur rendre justice. Autrement les plus farouches vanités savent très-bien capituler avec lui.

Qui ne se rappelle, lors de l'exposition universelle de 1855, avoir vu s'élever, à la porte même des galeries officielles, une cabane en planches où certain peintre vint étaler, trois mois durant, ses chefs-d'œuvre méconnus par le jury, et solliciter du public une revanche que le public, hélas! fut assez ingrat pour ne point lui accorder?

Bien d'autres en feraient autant, s'ils l'osaient.... et si cela ne coûtait pas si cher.

Il n'y a plus aujourd'hui que les rapins les plus infimes qui se vengent des dédains de la foule en vitupérant contre le *bourgeois* et l'*épicier*. Je me trompe ; il y a bien encore quelques critiques de bas étage qui croient se donner un certain air de supériorité en recourant à ce vocabulaire. Ce sont les petits-fils de ceux qui appelaient Racine *un polisson*.

Quant aux artistes dignes de ce nom, quant aux critiques qui se respectent, ils ont pour habitude de compter grandement avec cette résultante du sentiment de chacun et de tous, qu'on appelle l'opinion publique.

Est-ce à dire que tous et chacun aient le sentiment juste, le goût fin et l'appréciation exacte en matière d'art ?

Non certainement. Loin de là, rien n'est plus rare qu'un véritable connaisseur. Pour être digne de ce nom, à une organisation heureusement douée, il faut joindre, non pas rigoureusement la pratique de l'art, mais du moins une certaine connaissance de ses procédés techniques, et beaucoup d'expérience ; il faut avoir beaucoup vu, avoir vécu avec les maîtres et sentir profondément la nature.

De tels dons n'appartiennent évidemment qu'à très-peu de gens. Mais, si le nombre de ceux qui peuvent analyser leur sentiment est infiniment restreint, il est donné à tous, à presque tous du moins, de sentir, d'être émus par une grande pensée noblement rendue, d'être éblouis par les splendeurs d'une riche palette, d'être saisis par une large et puissante composition.

Je ne voudrais certes pas ratifier tous les arrêts du gros public. Il est sujet, j'en conviens, à des erreurs de goût. Il se laisse parfois séduire par d'amusantes trivialités, par des caprices de mode ; il admire un mauvais portrait grâce au satin de la robe ou aux broderies de l'uniforme, que le peintre s'est étudié à rendre avec une plate minutie. Je n'en disconviens pas. Mais, à côté de cela, donnez-lui du vrai beau, à ce même public, et je m'étonnerai fort s'il y reste insensible.

Certains peintres éminents, me dira-t-on, n'ont jamais pu atteindre la popularité dont jouissent d'autres beaucoup plus médiocres. Eh bien ! qu'on y regarde de près, et l'on verra que, dans ces sortes de conflits entre le public et l'artiste, il est rare que le public n'ait pas un peu raison.

Vous, admirateurs de M. A..., vous vous plaignez de l'indifférence de la multitude en face de ces savantes compositions, de ces figures si magistralement dessinées qui vous inspirent tant d'enthousiasme. Que voulez-vous? La multitude, la vile multitude, comme l'appelait jadis un superbe homme d'État, ne comprend rien à la couleur de convention, à l'harmonie fausse et blafarde de votre maître. Elle n'a pas fait d'assez fortes études pour reconnaître la nature sous la couche d'eau de chaux dont il a coutume de la revêtir.

Vous, passionnés disciples de M. B..., vous bondissez d'indignation à la vue de ce public imbécile qui se permet parfois de sourire devant des tableaux étincelants de verve et d'esprit, dont la couleur ne serait désavouée ni par Rubens, ni par le Véronèse. Le public a tort sans doute de ne pas sentir d'aussi réelles beautés. Mais, que voulez-vous? son ignorance a bien le droit de se révolter un peu devant ces membres parfois si singulièrement attachés qu'on a peine à discerner quel est leur véritable propriétaire.

Que M. A.... sacrifie la couleur à la forme, que M. B.... sacrifie la forme à la couleur, vous et moi nous le leur pardonnerons volontiers en raison des autres qualités de leur grand et incontestable talent. Mais le public, dans son exigeante naïveté, a tout bonnement la prétention de trouver la couleur et la forme réunies dans une œuvre d'art comme dans les œuvres de la nature. Son tort n'est pas de méconnaître les qualités du peintre; c'est d'être trop sensible à celles qui lui manquent.

Il est partout le même, cet excellent public. Au théâtre, dans la politique, on lui retrouve toujours les mêmes instincts.

Au théâtre, voyez le populaire naïf et passablement inculte qui forme d'habitude le parterre de la Gaîté, de l'Ambigu ou des Délassements-Comiques. Vainement, chaque soir, l'abreuve-t-on de mélodrames en guise d'absinthe, de grossiers lazzi en guise de piquette.

Qu'un beau jour on lui ouvre les portes du Théâtre-Français, qu'on lui serve du Corneille ou du Molière, soyez tranquille, il ne s'y trompera point, et l'habitude de s'asseoir, faute de mieux, à la table du cabaret, ne l'empêchera pas de s'apercevoir qu'il est admis ce jour-là à la table des demi-dieux.

Son discernement lui fait défaut parfois pour siffler ce qui mérite de l'être, jamais pour applaudir un chef-d'œuvre.

Sont-ce là des juges éclairés? Non, certes, si vous les prenez individuellement. Mais, prises en masse, les aberrations individuelles de toutes ces intelligences incultes se neutralisent mutuellement; mise en présence du beau et du vrai, la foule y reste rarement insensible; et l'intuition lui tient lieu en grande partie des facultés d'analyse qui lui manquent.

N'est-ce pas sur ce bon sens des masses que repose le principe même de l'élection politique et l'institution du jury?

Combien n'y a-t-il pas là d'intelligences bornées, d'esprits obtus, d'individualités archi-médiocres, auxquelles on frémirait de confier le sort d'un accusé ou le choix de nos législateurs, si l'on ne savait d'avance qu'entre toutes ces médiocrités les unes rectifient les autres, et qu'en somme la voix de la raison est celle qu'elles écoutent le plus volontiers, lorsque leurs intérêts personnels ne sont pas trop en jeu !

Si l'on pouvait analyser les éléments dont elle se compose, on y trouverait assurément l'opinion de plus de sots que de gens d'esprit. Et pourtant, j'en reviens là, tout le monde compte avec elle.

•

Tout naturellement, les beaux-arts sont soumis, comme le reste, à cette haute juridiction.

Malheureusement, l'opinion publique n'a pas, que je sache, d'organe accrédité. Chacun a la prétention de la faire parler à son gré, et personne n'est en mesure de justifier cette prétention.

C'est là précisément ce qui rend si difficile (pour ne pas dire impossible) la mission des jurys d'admission ou de récompense.

Le rôle des premiers surtout me paraît doublement ingrat, non-seulement parce qu'il est toujours pénible de faire des mécontents ou des malheureux, mais encore par l'impossibilité, selon moi absolue, d'être jamais complétement équitable.

Dépouillez l'homme de toutes ses passions, de ses prédilections personnelles, de ses préférences d'écoles; supposez-le à l'abri de toute erreur de goût. Je comprendrai alors un jury capable de classer selon leur mérite quinze ou vingt tableaux soumis à son examen; je comprendrai, en un mot, qu'on puisse équitablement juger un concours.

Mais cinq, six mille tableaux et plus, passant en quinze jours devant les yeux de juges qui ne peuvent pas même assister tous à toutes les séances!... comment voulez-vous qu'une balance équitable s'établisse entre tant d'œuvres diverses, impossibles à soumettre à un examen vraiment comparatif?

Il n'y a rien d'absolu, ni en bien ni en mal. Comment donc fixer la limite de la supériorité relative qui doit entraîner l'admission? Et comment éviter que toute œuvre se rapprochant de cette douteuse limite, ne soit exposée à l'injustice involontaire d'un jury procédant ainsi ?

On a essayé de combinaisons de toutes sortes, en déléguant le droit d'admission aux jurys les plus diversement composés, depuis l'Académie des beaux-arts jusqu'au jury élu par les peintres eux-mêmes.

Toujours les mêmes réclamations se sont produites, et toujours il s'en est trouvé bon nombre de fondées.

On alla plus loin en 1848 : on prit le parti héroïque de supprimer le jury et d'admettre tout le monde. L'exposition de 1848 en fut-elle beaucoup plus mauvaise ? Vraiment, je ne le crois pas. A part un très-petit nombre d'abominables croûtes et de stupides excentricités, la moyenne de ce Salon ne fut guère inférieure à celle d'un autre ; quelques brillantes individualités s'y révélèrent même ; et ce qu'il y a de remarquable, c'est que, au bout d'un mois d'exposition, bon nombre de pauvres diables, suffisamment avertis par les quolibets de la foule, vinrent eux-mêmes demander comme une faveur qu'on leur permît de retirer leurs tableaux.

Faut-il en revenir là ? On serait tenté de le croire quand on voit comment les jurys fonctionnent.

Puisque nous avons, au Palais de l'industrie, un local si vaste qu'aucune exposition d'art n'a jamais pu le remplir, pourquoi, du moins, ne pas réserver aux vaincus du concours un lieu d'exposition spécial, où ceux qui voudraient courir cette chance pourraient en appeler des décisions du jury à celles de la foule?

Toute injustice, toute exclusion sans motifs suffisants pourrait ainsi être rectifiée par l'opinion publique. Le jury, dans cette prévision, n'en apporterait que plus de soin à ses jugements (que le public, j'en suis convaincu, ratifierait presque toujours), et personne, du moins, ne pourrait plus se plaindre d'avoir vu son génie éteint faute de publicité.

D'ailleurs, croyez-le bien, le nombre des condamnés appelants ne serait pas très-considérable. Tel qui proteste aujourd'hui à grands cris hésiterait peut-être devant le recours suprême ouvert à sa faiblesse.

Pourquoi donc n'essayerait-on pas, une fois au moins, de ce système?

On admet à peu près tous les veaux, les vaches et les moutons qui se présentent aux concours agricoles. Bien des machines imparfaites ou même défectueuses se montrent, dans nos expositions industrielles, à côté des chefs-d'œuvre de la mécanique; et cependant les éleveurs de bétail et les mécaniciens ont bien d'autres moyens de publicité que ces concours, et trouvent bien d'autres ressources dans le commerce.

Faut-il donc se montrer plus sévère pour les artistes, qui ne vivent que de publicité et n'ont pas d'autres moyens de se faire connaître?

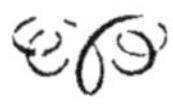

XII

DE LA CRITIQUE

XII

DE LA CRITIQUE.

Comment et par qui elle s'exerce trop souvent. — Quels sont ses droits et ses devoirs.

J'ai soulevé dans le présent volume, j'ai effleuré, sinon approfondi, bien des questions diverses. J'ai cherché, autant que je l'ai pu, à poser des principes; j'ai risqué des critiques et donné des conseils.

Y étais-je suffisamment autorisé?

Oui — tout comme un autre — je n'hésite pas à le dire.

En matière d'art, chacun a le droit d'avoir son opinion, ou, pour le moins, son sentiment. La seule chose qui demande une autorité spéciale est la prétention (que je n'ai jamais eue) de rendre des arrêts.

Les juridictions, en cette matière, peuvent s'assimiler à celles qu'admet la justice sociale; elles se composent de jurés et de juges. Gardons-nous bien de confondre les uns avec les autres.

Les jurés, c'est tout le monde : c'est le public qui fréquente les musées, c'est la foule qui se porte aux expositions, appréciant les œuvres d'art, plus de sentiment qu'en connaissance de cause, foule médiocrement éclairée peut-être, capricieuse sans doute, mais prononçant en définitive des verdicts souverains d'où dépendent les réputations.

Les juges chargés d'appliquer la loi et de formuler les sentences, c'est la critique qui les représente.

Mais il faut bien en convenir, jamais magistrature ne fut plus arbitraire, plus prétentieuse souvent, plus ignorante parfois, et d'ordinaire moins légitime.

Le premier venu, à peine échappé des bancs de l'école, loue chez le fripier une robe de docteur, se coiffe du bonnet carré, s'arme de la férule, et puis, de son autorité privée, assigne à son tribunal, poursuit, tance, rudoie, condamne ou absout, exalte ou immole les pauvres artistes avec un aplomb qui ferait vraiment trembler, si l'on n'avait plus souvent envie d'en rire.

Savez-vous comment cela se passe dans certains journaux, pour ne pas dire dans la plupart?

Un ami de la maison arrive chez le rédacteur en chef, suivi de n'importe quel jouvenceau à la mine excentrique.

« Cher ami, dit-il, voilà mon neveu que je vous amène, un garçon plein d'avenir. Il a eu trois premiers prix au collége de Béziers, et maintenant il voudrait écrire dans les journaux.

— Charmé de faire sa connaissance, répond le rédacteur en chef avec la plus hypocrite bienveillance.

— Eh bien! voyons, n'aurez-vous pas une petite place pour lui dans votre journal?

— Certes, je le voudrais; mais, vous savez, notre personnel est déjà fort nombreux.

— Oui, je le sais bien. Aussi vous demanderai-je d'abord peu de chose; que vous dirai-je!... quelques *premiers Paris*, par exemple....

— Des *premiers Paris*.... Comme vous y allez! Mais on réserve cela aux maîtres! Jugez donc tout ce qu'il faut d'acquit, de netteté, de connaissance intime des ressorts de la politique pour trancher ainsi, du fond de nos bureaux, les plus grandes questions européennes!

— Vous pourriez bien avoir raison. Alors, va pour le *Bulletin*.

— Le *Bulletin*.... vous n'y pensez pas! Mais c'est ce qu'il y a de plus difficile! Jugez donc quelle habileté de main, quel esprit il faut pour résumer à l'avance ce que le public va lire à la page suivante, sans que cela ressemble à un sommaire ou à une répétition!

— Alors, donnez à mon neveu les *théâtres*.

— Les *théâtres!* Ah bien oui! C'est la spécialité la plus recherchée dans un journal. Il y a tant de petits avantages : les loges, les stalles, que sais-je!... Croyez-moi, la moralité même d'un débutant pourrait succomber à tant de séductions.

— Donc, vous refusez tout à mon neveu ?

— Mais non, mon cher ami ; loin de là, vous me voyez plein de bon vouloir pour lui. Si je savais seulement à quoi l'utiliser. Voyons.... entend-il quelque chose aux beaux-arts?

— Aux beaux-arts?... dame! oui.... pourquoi pas? il aime beaucoup le dessin.

— Eh bien! soit, voilà qui est convenu. Dites-lui de me donner, pour commencer, quelques articles d'art; je ferai passer cela à la première occasion. »

Et, là-dessus, l'oncle protecteur se retire satisfait, et le neveu protégé écrit Dieu sait quoi, que le public lit Dieu sait pourquoi, et la critique compte un organe de plus. Pauvre critique !

Ils sont pourtant bien faciles à reconnaître ces prétentieux Aristarques que leur nullité place si fort au-dessous de ceux qu'ils osent critiquer. Leurs procédés sont presque toujours les mêmes : c'est la négation ou le dénigrement du mérite généralement admis; c'est l'exaltation fanatique de quelques misérables excentricités; c'est un style aussi paradoxal que les idées, une phraséologie à prétentions techniques, curieux mélange d'argot, de patois et de paillettes empruntées à la friperie romantique de 1828.

Ils sont tous coloristes, ces bons messieurs. Ne leur demandez pas la forme, ce n'est point leur affaire.

Ne leur demandez pas non plus l'impartialité. Ils ont leurs amis, leurs camarades, leurs coteries, ceux avec qui ils dînent, ceux avec qui ils fument, une foule de petits grands hommes incompris qu'ils préconisent, dont ils épousent les systèmes, les préférences, les jalousies et les rancunes, tout cela du ton le plus tranchant qu'on puisse voir.

Nous avons, plus ou moins, en France la liberté de la presse. Qu'on en profite donc pour divaguer sur les beaux-arts comme sur toute autre chose, rien de plus légitime. Mais ce qu'il y a de vraiment triste, c'est le nombre de blessures cruelles et difficiles à guérir que font journellement ces enfants terribles de la critique, en maniant au hasard des armes dont ils ne savent pas se servir.

Demandez aux malheureux artistes qui les a le plus impitoyablement raillés, vilipendés et bafoués dans leurs jours de défaillance! Tous vous diront sans hésiter que les coups les plus cruels leur sont venus de la critique la moins autorisée.

Ne sait-on pas que la médiocrité est sans pitié!

Ils sont plus réservés dans leur blâme, moins amers dans leur analyse, ceux qui savent tout ce qu'il faut de labeurs au pauvre artiste pour se frayer sa voie, pour triompher des difficultés du métier et de celles même que lui oppose souvent son organisation individuelle. Ils comprennent, ceux-là, que le silence de la critique est déjà, pour l'artiste, un assez dur châtiment de ses erreurs ou de son insuffisance. Si jamais, chemin faisant, ils s'attaquent à des individualités, c'est seulement à celles qui représentent déjà des systèmes, et dont la position acquise a plus à profiter qu'à perdre de cette polémique. S'ils se montrent sans pitié, c'est à l'égard des présomptueux seulement, à l'égard des cyniques de l'art et de ceux qui se compromettent par leurs arrogantes excentricités.

La conscience de pareils juges ne peut sans doute descendre jusqu'à l'éloge là où le mérite fait trop évidemment défaut; mais ils savent du moins fermer les yeux à propos, et leur supériorité est trop indulgente pour mettre à nu inutilement toutes les misères de l'artiste sans talent.

La saine critique est aussi éloignée de la satire que de la réclame. Elle n'analyse en bien ou en mal (mais en mal surtout) que ce qu'il y a profit à analyser.

S'agit-il, par exemple, de rendre compte d'une exposition de peinture, elle comprend fort bien que sa véritable mission ne saurait être de passer tour à tour en revue, d'examiner une à une les œuvres de quelques centaines de peintres, la plupart absolument inconnus du public; — elle comprend que, pour intéresser ce dernier, que, pour servir utilement à son instruction, la seule chose utile à faire est de constater les derniers progrès de l'art, ses tendances actuelles représentées par quelques brillantes individualités, — de signaler les déviations du goût, — de révéler (lorsqu'elle peut avoir ce bonheur) les talents nouveaux qui viennent à éclore, — en un mot, de gourmander les maîtres qui faiblissent et d'encourager les élèves qui grandissent.

A ses yeux, les individualités n'ont de valeur sérieuse qu'en raison des espérances qu'elles donnent, des principes et des doctrines qu'elles représentent.

Ainsi l'ont toujours compris les critiques vraiment dignes de ce nom, tels que Vitet, notre maître à tous, tels que le vénérable M. Delécluse, M. Charles Blanc, M. Viardot, M. Jeanron, bien d'autres que j'oublie, et M. Théophile Gautier lui-même, ce Janin des beaux-arts, dont le capricieux talent n'a que le tort d'avoir eu trop de maladroits imitateurs.

Du reste, ne leur ressemble pas qui veut, à ces éminents critiques. Ce n'est point du premier bond que l'on prend place parmi eux. Pour y parvenir, il faut savoir beaucoup, avoir beaucoup vu, beaucoup comparé, beaucoup réfléchi, et, de plus, avoir reçu de la nature certains dons aussi indispensables que peut l'être une oreille juste pour juger de la musique.

Trop de gens croient pouvoir se passer de tout cela ; trop de gens se croient écrivains parce qu'ils écrivent, critiques parce qu'ils passent leur temps à critiquer autrui.

Cela n'est pourtant pas si facile qu'on pense.

Pour bien juger les œuvres de son prochain, il est indispensable d'avoir soi-même du goût et le sens droit.

Le sens droit peut, à la rigueur, passer pour un don naturel; mais quant au goût, il ne se forme, il ne s'acquiert que par l'éducation, par l'étude et par la fréquentation des maîtres. Pour bien parler de littérature, il faut avoir lu beaucoup; pour parler d'art, il faut avoir beaucoup vu.

— Mais vous-même, qui vous mêlez d'en

parler quelquefois, vous vous croyez donc, me dira-t-on, doué de tous ces mérites exceptionnels dont vous faites l'apanage du critique modèle ?

A une question ainsi faite, j'éprouverais, je l'avoue, quelque embarras à répondre.

Mais, d'abord, je ne me pose aucunement en critique modèle.

Ai-je le sens droit? — ai-je du goût ? — Je ne saurais le dire avec quelque certitude que s'il existait des miroirs où l'on pût voir son intelligence en face et la juger, comme on peut voir et juger les traits de son visage dans un miroir ordinaire. Jusque-là, je n'en sais rien.

Tout ce que je puis dire, c'est qu'une des bonnes fortunes de ma vie a été de m'être trouvé, depuis plus de trente ans, en relations constantes et souvent intimes avec presque tous les grands artistes de notre époque, d'avoir compté parmi eux un maître et beaucoup d'amis, d'avoir assisté, si j'ose le dire, à l'éclosion de plus d'un chef-d'œuvre, d'avoir pas mal couru l'Europe et passé bien des heures dans ses principaux musées, d'avoir enfin vécu avec les monuments presque autant qu'avec les hommes.

De tout cela, il y aurait bien du malheur s'il n'avait pas déteint quelque chose sur moi. J'y ai acquis, du moins, l'amour passionné du *beau,* qui, dans le monde matériel, équivaut presque à ce qu'est le *bien* dans le monde moral. Or, ceux qui professent sincèrement un culte, font toujours un peu de propagande. C'est là mon fait.

D'ailleurs, en éloignant de la critique tout élément acerbe ou malfaisant, chacun peut, je le crois, céder sans scrupule au penchant qui l'entraîne vers l'un des objets d'étude les plus attrayants pour tout esprit vraiment libéral.

FIN.

TABLE DES MATIÈRES.

FIN DE LA TABLE.

PARIS. — IMPRIMERIE DE CH. LAHURE ET Cie
Rue de Fleurus, 9

BIBLIOTHÈQUE VARIÉE, FORMAT IN-18 JÉSUS.

Volumes à 3 francs 50 centimes.

About (Edm.). La Grèce contemporaine. 1 vol. — Nos Artistes au salon de 1857. 1 vol. — Théâtre impossible. 1 vol.
Anonyme. L'enfant, par Mme ***. 1 vol.
Aristophane. Œuvres complètes, trad. de M. Poyard. 1 vol.
Balzac (H. de). Théâtre. 1 vol.
Barrau. Histoire de la Révolution française. 1 vol.
Bautain (l'abbé). La belle saison à la campagne. 1 v. — La chrétienne de nos jours. 2 vol. — Le chrétien de nos jours. 2 vol.
Bayard. Théâtre. 12 vol.
Belloy (de). Le Chevalier d'Aï. 1 vol. — Légendes fleuries. 1 vol.
Busquet. Poëme des heures. 1 vol.
Byron. Œuvres complètes, trad. de Laroche. 4 vol.
Caro (E.). Études morales. 1 vol.
Castellane (de). Souvenirs de la vie militaire. 1 v.
Champfleury. Contes d'été. 1 vol.
Charpentier. Les écrivains latins de l'empire. 1 v.
Dante. La Divine comédie, trad. par Fiorentino. 1 vol.
Dargaud (J.). Histoire de Marie Stuart. 1 vol. — Voyage aux Alpes. 1 vol.
Daumas (général E.). Mœurs et coutumes de l'Algérie. 1 vol.
Deville (L.). Excursions dans l'Inde. 1 vol.
Didier (Charles). Les amours d'Italie. 1 vol. — Les nuits du Caire. 1 vol.
Enault (L.). La Terre-Sainte. 1 vol. — Constantinople et la Turquie. 1 vol. — La Norvége. 1 vol.
Ferry (Gabr.). Le coureur des bois. 2 vol. — Costal l'Indien. 1 vol.
Figuier (Louis). L'alchimie et les alchimistes. 1 vol. — Histoire du merveilleux. 4 vol. — Les applications nouvelles de la science. 1 vol. — L'année scientifique. 6 années (1856-1861). 6 vol.
Forgues. La révolte des Cipayes. 1 vol.
Gautier (Th.). Un trio de romans. 1 vol.
Gérardy-Saintine (P.). Trois ans en Judée. 1 v.
Giguet (P.). Le Livre de Job. 1 vol.
Gotthelf (J.). Nouvelles bernoises. 1 vol.
Hérodote. Œuvres complètes. 1 vol.
Heuzé. L'année agricole, 3 années (1860-1862). 3 v.
Homère. Œuvres complètes, trad. de Giguet. 1 vol.
Hommaire de Hell (Mme). Les steppes de la mer Caspienne. 1 vol.
Houssaye (A.). Poésies complètes. 1 vol. — Philosophes et comédiennes. 1 vol. — Le violon de Franjolé. 1 vol. — Histoire du quarante et unième fauteuil. 1 vol. — Voyages humoristiques. 1 vol. — Les filles d'Eve. 1 vol.
Hugo (Victor). Notre-Dame de Paris. 2 vol. — Odes et ballades. 1 vol. — Légende des siècles. 1 vol. — Orientales, Feuilles d'automne, Chants du crépuscule. 1 vol. — Théâtre. 3 vol. — Les contemplations. 2 vol. — Les enfants. 1 vol.
Jouffroy. Cours de droit naturel. 2 vol. — Mélanges philosophiques. 2 vol.
Jourdan (L.). Contes industriels. 1 vol.
Jurien de la Gravière (l'amiral). Souvenirs d'un amiral. 2 vol.
La Landelle (G. de). Le tableau de la mer (la vie navale). 1 vol.
Lamartine (A. de). Méditations poétiques. 2 vol. — Harmonies poétiques. 1 vol. — Recueillements poétiques. 1 vol. — Jocelyn. 1 vol. — La chute d'un ange. 1 vol. — Voyage en Orient. 2 vol. — Histoire des Girondins. 6 vol. — Histoire de la Restauration. 8 vol.
Lanoye (F. de). Le Niger. 1 vol. — L'Inde contemporaine. 1 vol.
Lasteyrie (Ferd. de). Causeries artistiques. 1 vol.
Laugel. Études scientifiques. 1 vol.
La Vallée (J.). Zurga le chasseur. 1 vol.
Lecoq (H.). La vie des fleurs. 1 vol.
Lenient (C.). La satire en France. 1 vol.
Libert. Histoire de la chevalerie en France. 1 vol.
Lucien. Œuvres complètes trad. de M. Talbot. 2 vol.
Lutfullah. Mémoires d'un gentilhomme mahométan. 1 vol.
Macaulay (lord). Œuvres diverses, trad. de l'anglais. 2 vol.
Marmier. En Amérique et en Europe. 1 vol. — Gazida. 1 vol. — Un été au bord de la Baltique. 1 vol. — Les Fiancés du Spitzberg. 1 vol. — Lettres sur le Nord. 1 vol. — Hélène et Suzanne. 1 vol.
Mas (Sinibaldo de). La Chine et les puissances chrétiennes. 2 vol.
Michelet. L'amour. 1 vol. — La femme. 1 vol. La mer. — L'insecte. 1 vol. — L'oiseau. 1 vol.
Milne. La vie réelle en Chine. 1 vol.
Moges (le marquis de). Souvenirs d'une ambassade en Chine et au Japon. 1 vol.
Monnier (Marc). L'Italie est-elle la terre des morts? 1 vol.
Montaigne. Essais. 1 vol.
Mornand. La vie des eaux. 1 vol.
Mortemart-Boisse (baron de). La vie élégante à Paris. 1 vol.
Nodier (Ch.). Histoire du roi de Bohême. 1 vol.
Nourrisson. Les Pères de l'Église latine. 1 vol.
Orsay (comtesse d'). L'ombre du bonheur. 1 vol.
Ossian. Poëmes gaéliques. 1 vol.
Patin. Études sur les tragiques grecs. 4 vol.
Perrens (F. T.). Jérôme Savonarole. 1 vol. — Deux ans de révolution en Italie. 1 vol.
Pfeiffer (Mme Ida). Voyage d'une femme autour du monde. 1 vol. — Mon second voyage autour du monde. 1 vol. — Voyage à Madagascar. 1 vol.
Pouschkine. Poëmes dramatiques. 1 vol.
Quatrefages (de). Unité de l'espèce humaine. 1 vol.
Rougebief. Un fleuron de la France. 1 vol.
Saintine (X.-B.). Picciola. 1 vol. — Seul! 1 vol. — Le chemin des écoliers. 1 vol.
Sand (George). L'homme de neige. 2 vol. — Elle et lui. 1 vol. — Jean de la Roche. 1 vol.
Scudo. Critique et littérature musicales. 2 vol. — Le Chevalier Sarti, roman musical. 1 vol. — L'année musicale, 3 années (1859-1861). 3 vol.
Sénèque. Œuvres complètes, trad. de J. Baillard. 2 vol.
Simon (Jules). Le devoir. 1 vol. — La religion naturelle. 1 vol. — La liberté. 2 vol. — La liberté de conscience. 1 vol. — L'ouvrière. 1 vol.
Tacite. Œuvres complètes, trad. de [illegible].
Taine (H.). Voyage aux Pyrénées. 1 vol. — Tite Live. 1 vol. — Essais de critique et d'histoire. 1 vol. — La Fontaine et ses fables. 1 vol. — Les philosophes français du XIXe siècle. 1 vol.
Texier (Ed.). La chronique de la guerre d'Italie. 1 vol.
Théry. Conseils aux mères. 2 vol.
Topffer (Rod.). Le presbytère. 1 vol. — Nouvelles genevoises. 1 vol. — Rosa et Gertrude. 1 vol. — Réflexions et menus propos. 1 vol.
Troplong. Influence du christianisme. 1 vol.
Ulliac-Trémadeure (Mlle). La maîtresse de maison. 1 vol.
Vapereau (Gust.). L'année littéraire. 4 années (1858-1861). 4 vol.
Viardot (L.). Les musées d'Allemagne. 1 vol. — Les musées d'Angleterre, de Belgique, etc. 1 vol. — Les musées d'Espagne. 1 vol. — Les musées de France. 1 vol. — Les musées d'Italie. 1 vol.
Viennet. Epîtres et satires. 1 vol.
Warren (le comte de). L'Inde anglaise. 2 vol.
Wey (Francis). Dick Moon en France. 1 vol.
Xénophon. Œuvres complètes, trad. de M. Talbot. 2 vol.
Zeller. Épisodes dramat. de l'hist. d'Italie. 1 vol. — L'année historique, 3 années (1859-1861). 3 vol.

Paris. — Imprimerie de Ch. Lahure et Cie, rue de Fleurus, 9.

www.ingramcontent.com/pod-product-compliance
Ingram Content Group UK Ltd.
Pitfield, Milton Keynes, MK11 3LW, UK
UKHW020544180726
13838UKWH00001B/29

9 782329 424682